왕코딱지의 만점 수학

왕코딱지의 만점 수학

1판 1쇄 발행 | 2010년 9월 7일
1판 9쇄 발행 | 2022년 10월 20일

글쓴이 | 서지원
그린이 | 박정섭
펴낸이 | 정중모
펴낸곳 | 파랑새

등록 | 1988년 1월 21일 (제406-2000-000202호)
주소 | 경기도 파주시 회동길 152
전화 | 031-955-0670
팩스 | 031-955-0661

ⓒ 서지원, 박정섭 2010
ISBN 978-89-6155-231-8 73810

- 책값은 뒤표지에 있습니다.
- 저작자와의 협의에 의해 검인지를 생략합니다.
- 저작자와 출판사의 허락 없이 이 책의 일부 또는 전체를 인용하거나 발췌하는 것을 금합니다.

어린이제품안전특별법에 의한 제품 표시
제조자명 파랑새 | 제조년월 2022년 10월 | 제조국 대한민국 | 사용연령 7세 이상

3·4학년 교과서 수학원리동화

왕코딱지의 만점 수학

서지원 글 | 박정섭 그림

파랑새

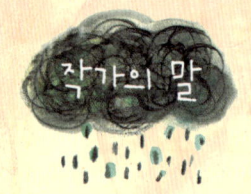

작가의 말

수학을 잘하는 좋은 방법은 없을까?

어린이 여러분, 반가워요! 수학 이야기꾼 서지원입니다.
왜 수학 이야기꾼이냐고요? 그건 조금 있다가 얘기해 줄게요.
우선, 나는 여러분의 마음을 살짝 들여다보고자 합니다.
여러분도 나름대로 고민을 갖고 있을 거예요. 아저씨가 어렸을 때 했던
고민 중 하나는 '수학을 잘하는 좋은 방법이 없을까?' 였습니다.
사실, 선생님이나 부모님이 수학을 잘하는 방법을 가르쳐 주긴 했습니다.
학교에서 선생님 말씀 열심히 듣고, 문제집을 열심히 풀면 된다고요.
그런데요, 그렇게 해도 틀리는 문제는 계속 틀렸습니다.
그러니까 그 방법은 별로 좋은 방법이 아니라고 아저씨는 생각했습니다.
아저씨는 어린이였을 때 수학을 그다지 잘하지 못했습니다.
어쩌면 이 책의 주인공 오대오처럼 수학 시간에 설명은 안 듣고
코딱지만 열심히 팠을지도 모르지요. 수학이 괴롭고 힘들었던 것은
문제 풀이 때문이었습니다. 어려운 문제를 간신히 풀고(쉬운 문제는
거의 없습니다), 채점까지 받아야 합니다(맙소사). 그리고 틀리면
혼쭐이 납니다(어이쿠). 아, 이런 괴로운 일이 어디 있나요?
그런데 초등학교 5학년이 되면서부터 수학이 점점 쉬워지기 시작했습니다.

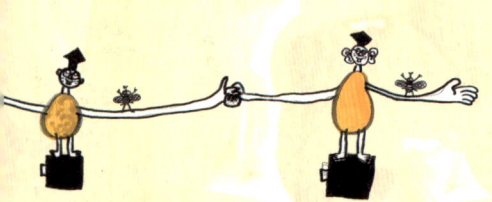

문제를 보면 눈에 플래시를 단 것처럼 문제를 푸는 방법이 보였습니다.
수학이 쉬워지니까 수학이 재미있어졌습니다. 그래서 점점 더 어려운
문제에 도전하게 됐습니다. 아주 어려운 문제를 풀어 냈을 때의 그 짜릿함!
그것은 오랫동안 참았던 오줌을 시원하게 눴을 때 기분입니다.
그러면 아저씨는 어떻게 수학을 잘할 수 있게 되었을까요?
수학이란 한 가지 원리로 백 가지, 천 가지 문제를 푸는 공부입니다.
그러니까 원리 한 가지를 잘 알아 두면, 백 가지 천 가지 문제를 풀어 낼 수
있다는 얘기지요. 그 원리라는 것은 교과서에 자세히 소개되어 있습니다.
여러분이 알아 두어야 할 원리는 몇 가지 되지도 않지요. 그 몇 가지 원리를
아주 정확하게, 자다가 깨워서 물어 봐도 입에서 줄줄 나올 만큼 알아 두어야 해요.
이 책은 바로 그런 원리를 재미나게 소개해 놓은 동화입니다. 그러면 아저씨가
왜 수학 이야기꾼인지 말해 줄게요. 이런, 벌써 종이가 꽉 차 버렸네요.
여기에 쓸 수 없으니 이 책을 읽어 보세요. 또 만나요!

수학 이야기꾼 **서지원**

 차례

1 왕코딱지를 만난 날

★1단계 수학 시간에 코딱지 파기 수학 지능 0점 ··· 12
★2단계 코딱지에게 수학 배우기 수학 지능 12점 ··· 20

 2 왕코딱지의 비법 수학

★3단계 엄청나게 큰 수 계산하기 수학 지능 21점 ··· 38
★4단계 두 자리 수 속셈법 배우기 수학 지능 38점 ··· 48

왕코딱지 골려 주기

★ 5단계 두 자리 수 곱셈 끝내기 수학 지능 51점 · · · 66
★ 6단계 곱셈의 원리 깨우치기 수학 지능 60점 · · · 80

도넛 먹기 대작전

★ 7단계 두 자리 수 나눗셈 배우기 수학 지능 75점 · · · 92
★ 8단계 나눗셈 실수하지 않는 법 수학 지능 88점 · · · 106

더러운 수학 천재

★ 9단계 세 자리 수 연산 실수하지 않는 법 수학 지능 92점 · · · 128
★ 10단계 코딱지 파는 수학 천재 수학 지능 100점 · · · 136

이 책에 나오는 친구들

✳ 수학꽐✗ ㄱ천재

- 이름 오대오
- 별명 비꼈다
- 특징
  키가 몹시 작으며, 씻는 걸 싫어한다
- 취미
  수학 시간에 코딱지 파기
- 가장 싫은 것
  유치원생들이 친구라며 같이 놀자고 할 때, 코딱지만 파다고 친구들이 놀릴 때

 수학이 우엑~!

표시한다, 표시한다, 받아올림 표시한다. 잊지 말자, 잊지 말자, 받아내림

왕코딱지의 가르침

거꾸로 읽어도,
바로 읽어도 같은 신비한 수의 세계.
수학을 문제 풀이라고 생각한다면
그건 착각이야! 수학은 코딱지를
팔 만큼 지겨운 게 아니다!

교과서 찾아보기

3학년 1학기 2.덧셈과 뺄셈

3학년 2학기 1.덧셈과 뺄셈

왕코딱지를 만난 날

★ **1단계** 수학 시간에 코딱지 파기
  수학 지능 0점

★ **2단계** 코딱지에게 수학 배우기
  수학 지능 12점

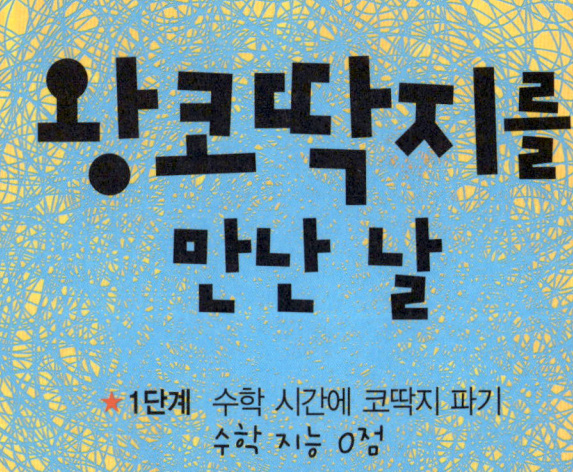

★ 1단계
수학 지능
0점

수학 시간에 코딱지 파기

후비적, 후비적.

"모두 교과서를 펴렴."

후비적, 후비적.

"오늘은 올림이 있는 곱셈을 배울 차례구나."

선생님은 교탁 앞에 서서 아이들을 둘러본다.

그러시거나 말거나, 나는 여전히 콧구멍을 파고 있다. 오늘따라 더 시원하다. 다 쓴 건전지에 혓바닥을 댄 것처럼 짜릿짜릿한 기분이 들기도 한다.

6월의 학교는 나무늘보 같다. 날씨는 무덥고, 창문으로 솔솔 바

람까지 넘어와 내 볼을 간질인다.

　시간이 나무늘보처럼 느릿느릿 지나간다. 한낮의 햇볕이 플라타너스 나뭇가지에서 부서진다.

　내 소개가 늦었다. 내 이름은 오대오. 별명은 비곗다.

　냉천 초등학교 3학년 2반 15번. 두꺼운 안경을 썼다. 물론, 책을 많이 읽어서 눈이 나빠진 건 아니다. 엄마 말에 의하면, 텔레비전과 컴퓨터 게임을 너무 해서 그렇다고 한다. 그렇다고 게임을 끊을 생각은 없다.

　나의 고민은 키가 우리 반에서 두 번째로 작다는 것이다. 이따금 1학년 동생들이 나를 1학년으로 착각하고 말을 걸어 오곤 한다. 이 정도는 참을 수 있지만, 놀이터에서 유치원생들이 같이 놀자고 할 때는 부글부글 끓는다.

　"내 나이는 너희 같은 한 자리 수가 아니라, 당당한 두 자리 수란

말이다!"라고 소리치고 싶다.

우리 반 담임선생님 소개도 해야겠다. 선생님 이름은 왕만수. 동구가 선생님 별명을 왕만두라고 지었지만, 누구도 함부로 부르지는 못한다.

선생님은 곰처럼 덩치가 아주 크다. 다행히 덩치만큼 무섭지는 않다. 가끔 화를 내곤 하지만, 진짜로 화가 난 게 아니라는 걸 알 수 있다. 3학년쯤 되면, 선생님이라도 거친 목소리 정도로 우리를 속일 수는 없는 것이다.

"곱셈식이란 곱셈을 나타낸 등식을 말해. 2×3=6은 '2 곱하기 3은 6과 같다'라고 읽지. 여기서 2×3=6과 같은 식을 곱셈식이라고 해. 곱은 곱셈을 하여 나온 값이야."

선생님은 최면술사를 해야 할 것 같다. 선생님의 목소리만 들으면 우리는 최면술에 걸린 듯 나른해진다. 손가락 끝으로 온몸의 기운이 스르르 빠져나간다.

"아훔!"

저만치 앉은 동구가 하품을 크게 한다. 벌써 다섯 번째다. 입이 찢어지지 않는 게 신기할 정도다.

선생님은 칠판에 그림을 그리기 시작한다. 선생님의 그림 실력은 선생님의 설명이 없으면 알아보지 못할 정도다.

"운동장에 학생들이 한 줄에 13명씩 5줄로 서 있다. 학생들이 모두 몇 명인지 알아 보려면 어떻게 해야 할까?"

아무도 대답하지 않는다. 당연하다.

"저런 걸 왜 계산해야 하는 걸까?" 하고 나는 의심한다. 운동장에 서 있는 아이들을 셀 이유가 없는 거다. 앞에서부터 번호를 부르면 자동으로 세어진다.

"아후음!"

동구의 하품이 전염병처럼 나한테 옮았다. 그러자 이쪽저쪽에서 하품이 연방 터져 나온다. 하품은 금세 교실 전체에 물결처럼 번져 나간다.

딱딱딱.

선생님이 플라스틱 자로 교탁을 두드린다.

"집중! 다들 멍한 표정으로 무슨 생각을 하는 거야!"

선생님의 목소리 끝이 올라갔다. 짜증이 난 모양이다. 하긴 이런 날에 수학을 가르치다니, 선생님도 보통 힘든 게 아닐 거다. 통통한 선생님의 볼에 땀이 흐른다.

"다시 문제를 낼 테니 잘 봐. 6칸이 있는 지하철이 도착했어. 각 칸마다 19명씩 탔다면, 전체 지하철에 몇 명이나 탔을까?"

'어이쿠, 선생님!'

난 속으로 한숨을 내쉰다.

'그런 문제를 왜 자꾸 내시는 거죠? 요즘은 자동으로 계산이 된단 말이죠. 그런 걸 어렵게 계산할 이유가 없나니까요.'

내 생각과는 달리, 연지가 손을 번쩍 든다.

선생님은 연지를 칠판 앞으로 부른다. 연지는 망설임 없이 문제를 풀기 시작한다.
　선생님의 표정이 금세 흐뭇해진다. 때로는 저런 잘난척쟁이도 우리 반에 한 명 정도는 필요하다. 나를 위해서가 아니라, 답답한 선생님을 위해서다.
　연주가 문제를 풀거나 말거나, 문제를 틀리거나 말거나 난 신경 쓰지 않는다. 지겨운 수학 시간이 빨리 지나가기만을 간절히 기다릴 뿐이다.
　수학 시간에는 그 누구보다, 나의 집게손가락이 참지 못한다. 집게손가락은 어느새 슬금슬금 올라와 콧구멍으로 파고든다.
　후비적, 후비적, 후적.
　어라? 큰 게 있다!
　잡으려고 손가락 끝에 힘을 준다. 이런, 놓쳤다!
　손가락을 더 깊이 푹 쑤셔 넣는다. 휙휙 돌린다!
　"오대오!"
　선생님이 나를 째려본다. 눈썹 끝이 치켜 올라간다.
　깜짝 놀란 나는 엉거주춤 자리에서 일어난다.
　"와하하하!"
　아이들이 내 얼굴을 보며 웃음을 터트린다.
　"콧구멍 뚫어지겠어!"
　나는 찬물을 뒤집어쓴 듯 정신이 번쩍 든다. 콧구멍에 손가락을

왕코딱지를 만난 날

끼운 채 자리에서 일어났던 거다. 교탁 앞에 있던 연주마저 비웃는다. 얼른 손가락을 뺐다.

"오대오! 넌 수학 시간만 되면 문제는 안 풀고 구멍만 열심히 파니? 나중에 굴 하나는 잘 파겠구나. 네 꿈이 광부였다는 걸 미처 몰랐다!"

선생님이 고개를 절레절레 흔든다. 내 얼굴이 화끈화끈 달아오른다.

"연주를 봐라. 어떤 문제도 척척 잘 풀잖아. 역시 우리 반 일등은 달라."

선생님이 연주의 머리까지 쓰다듬어 준다. 연주는 눈을 살짝 내리깔고 미소를 짓는다. 불타는 고구마 같은 내 얼굴과는 정반대로, 연주의 얼굴은 샤방샤방 빛이 나는 것 같다.

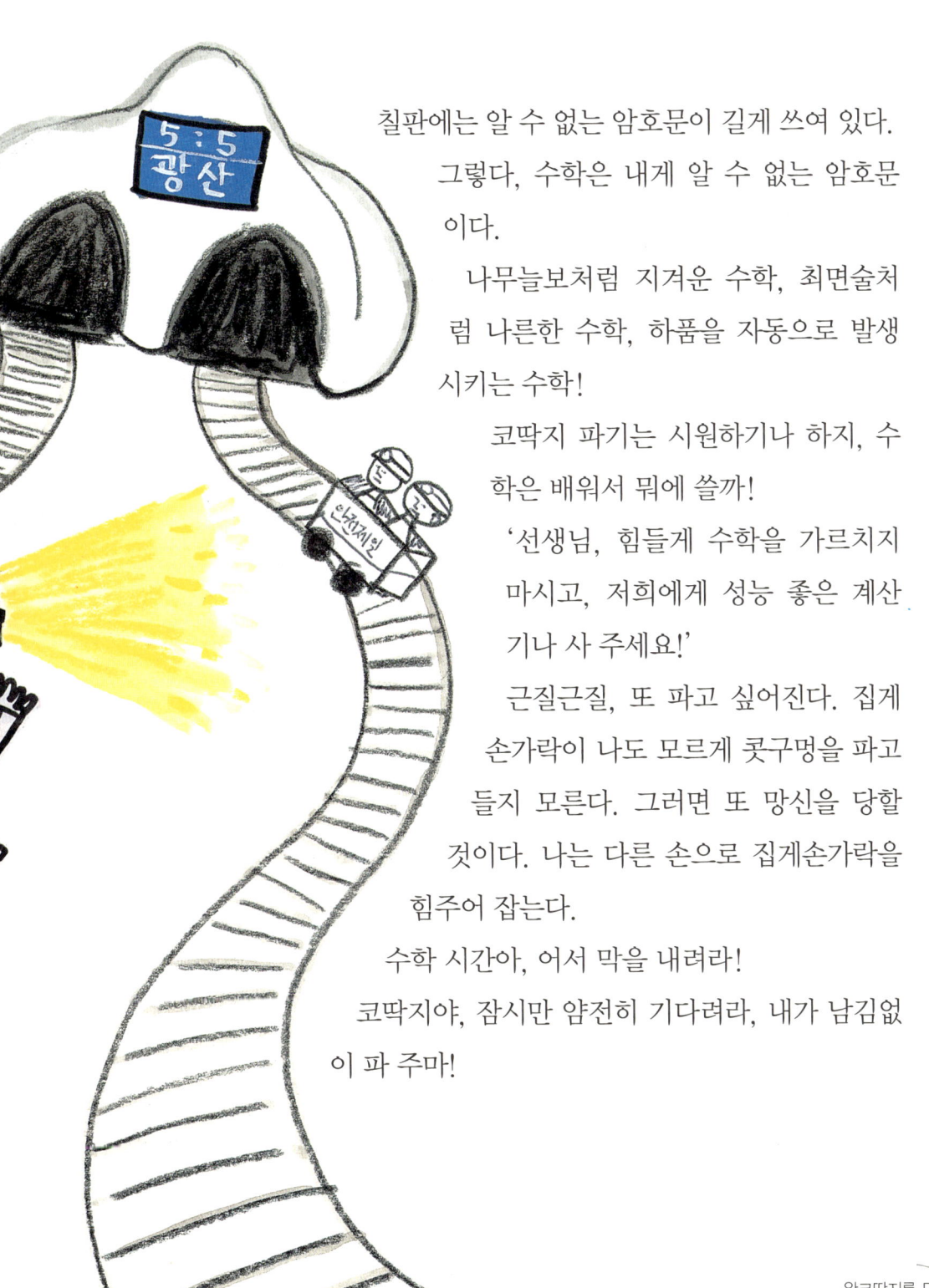

칠판에는 알 수 없는 암호문이 길게 쓰여 있다. 그렇다, 수학은 내게 알 수 없는 암호문이다.

나무늘보처럼 지겨운 수학, 최면술처럼 나른한 수학, 하품을 자동으로 발생시키는 수학!

코딱지 파기는 시원하기나 하지, 수학은 배워서 뭐에 쓸까!

'선생님, 힘들게 수학을 가르치지 마시고, 저희에게 성능 좋은 계산기나 사 주세요!'

근질근질, 또 파고 싶어진다. 집게손가락이 나도 모르게 콧구멍을 파고들지 모른다. 그러면 또 망신을 당할 것이다. 나는 다른 손으로 집게손가락을 힘주어 잡는다.

수학 시간아, 어서 막을 내려라!

코딱지야, 잠시만 얌전히 기다려라, 내가 남김없이 파 주마!

왕코딱지를 만난 날

코딱지에게 수학 배우기

★ 2단계
수학 지능 12점

"오늘은 여기까지야!"

오늘도 엄마는 학습지를 내밀었다. 엄마는 내게 일거리를 주듯 날마다 수학 학습지를 내준다. 나는 의자에 꼼짝없이 앉아 지겨운 문제와 씨름을 해야 한다.

"벌써 사흘째 밀린 거 알지? 오늘 안에 다 하지 않으면 저녁 굶을 줄 알아!"

엄마의 목소리가 날카롭게 올라갔다. 그렇다고 겁먹을 내가 아니다. 순간, 나는 마음속으로 저울질했다.

저녁을 굶는 게 나을까, 지겨운 수학 문제를 푸는 게 더 나을까?

아무래도 배고픈 건 못 참을 것 같았다.

어깨를 축 늘어뜨리고 힘없이 내 방으로 향했다. 방에 들어가기 직전에, 최대한 불쌍한 표정을 지으면서 엄마를 돌아보는 걸 잊지 않았다.

"간식이라도 주세요."

"알았어."
"초코 빵으로요. 오렌지 주스도요."
"알았다고."
"감자칩과 쿠키도…."
"들어가랬지!"

책상에 앉아 학습지를 들여다봤다. 종이 위에 쓰인 수학 문제들은 오늘따라 더 무시무시했다. 이것들을 내가 이겨야 한다니! 문제들은 뾰족한 가시처럼 내 눈을 찔렀다.

덧셈, 뺄셈, 곱셈, 나눗셈! 흐억!
머리가 어질어질했다. 멀미가 날 지경이었다.
어느새 삼십 분이 지났다. 엄마가 들어올 때가 됐다.
"다 풀었어?"

아니나 다를까, 엄마가 간식을 들고 문을 벌컥 열었다. 엄마는 감시하는 눈길로 책상을 살폈다. 엄마는 책상 위에 어지럽게 널린 지우개 부스러기를 가리켰다.

"또 지우개 뜯

어 놓고, 낙서했어? 삼십 분 동안 겨우 세 문제 풀고?"

난 슬픈 얼굴로 고개를 끄덕였다.

"엄마, 너무 어려워. 이건 3학년이 풀 문제가 아니야."

"2학년 2학기 문제거든!"

엄마가 소리쳤다.

"이렇게 머리가 안 돌아갈 때에는, 컴퓨터 게임 조금만 하면 잘 돌아갈 텐데…."

난 두 눈에 눈물이 그렁그렁 맺힐 만큼 불쌍한 눈빛으로 엄마를 바라보았다.

"그 말에 엄마가 한두 번 속았어? 문제 다 풀 때까지 방에서 나올 생각도 하지 마!"

엄마는 가져온 간식마저 도로 들고 나가 버렸다. 인정이라곤 눈곱만큼도 없는 엄마다.

창밖이 어두컴컴해졌다. 오늘은 아빠가 늦나 보다. 아빠라도 있었으면 내게 자유를 주었을 텐데.

아무래도 코가 이상했다. 콧구멍이 자꾸 근질거렸다.

나는 손가락을 콧구멍에 넣고는 드라이버 돌리듯이 빙글빙글 돌렸다. 낮에 잡았다가 놓쳤던 왕코딱지는 어디론가 사라지고 없었다. 콧구멍에 구멍이 난 게 아닐 텐데!

"에…에… 에취!"

난 크게 재채기를 했다. 뭔가 빛의 속도로 휙, 하고 날아갔다.

나는 눈을 깜박이며 뭔가를 찾았다. 엄청 큰 코딱지가 수학 학습지에 철썩 붙어 있었다.

나는 외계에서 떨어진 별똥별을 발견한 기분이었다.

이 코딱지를 어떻게 처리할까? 책상 밑 코딱지 처리소로 보낼까, 아니면 손가락으로 튕겨 로켓처럼 우주로 날려 버릴까?

손가락을 뻗어 코딱지를 쥐려고 했다. 그런데…!

코딱지가 옆으로 꾸물꾸물 움직였다. 다시 손가락을 뻗었다. 그러자 코딱지에서 다리 같은 게 두 개 뻗어 나오더니 재빨리 기어갔다.

"히익!"

난 너무 놀라 입을 다물지 못했다. 얼굴을 책상 바닥에 대고 코딱지를 노려봤다. 내 두 눈동자가 중간으로 몰렸다.

코딱지가 꿈틀꿈틀대더니 부르르 떨었다. 그러다가 머리가 불쑥 나오고, 두 손이 불쑥 튀어나왔다! 마치 잔뜩 웅크리고 있다가 온몸을 쭉 펴며 기지개를 켜는 것 같았다.

"반가워!"

코딱지가 손을 흔들며 말했다. 난 차마 대답을 못 했다. 마른침을 한 번 꿀꺽 삼켰을 뿐이다.

"코딱지가 말하는 거 처음 봐?"

코딱지가 어이없다는 듯 어깨를 으쓱했다.

"처음 봐."

내가 간신히 소리쳤다.

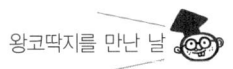

왕코딱지를 만난 날

"하긴, 난 특별한 코딱지거든. 말하지 못하는 코딱지는 보통 코딱지들이야. 말하는 코딱지는 특별한 코딱지지. 그나저나, 그렇게 날 뚫어지게 쳐다보다간 눈동자가 뽕, 하고 빠지거나 눈동자 두 개가 서로 부딪쳐서 박살날걸."
난 머리를 흔들었다. 눈동자들이 제자리를 찾도록 하기 위해서였다.
"넌 어디서 왔어?"
코딱지 가까이 코를 갖다 대고 내가 물었다.
"네 콧구멍에서 왔지."
"아, 그렇지!"
나는 숨을 가다듬었다. 무엇부터 물어 봐야 할지 몰랐다.
"내 이름은 귀딱지야."

"귀딱지? 넌 귀가 아니라 코에서 나왔잖아."
"귀딱지는 귀여운 코딱지란 뜻이야. 어때, 그렇게 보이지 않니?"
코딱지는 두 손을 얼굴에 갖다 대며 귀여운 표정을 지어 보였다.
"하나도 안 귀여워. 이 세상에 있는 코딱지들 중에서 어떤 코딱지도 귀여운 코딱지는 있을 수 없어. 특별한 코딱지도 코딱지는 코딱지니까."
"하긴!"
코딱지는 약간 실망한 듯한 말투로 대답했다. 난 괜히 미안해서 코딱지를 위로해 주고 싶었다.
"그래도 동구 코딱지보다는 덜 더러워. 동구 코딱지는 새카맣고, 털까지 섞여 있단 말이야. 넌 그저 노랗기만 해.

잘 익은 고구마 부스러기 같은걸."

"고마워. 고구마 부스러기가 아닌 게 다행이야. 누가 착각해서 날 찍어 먹지는 않을 테니까. 난 지구에서, 아니 우주에서 가장 특별한 코딱지란 말이야. 두고 보면 알걸! 그러니까 반드시 귀딱지라고 불러 줘."

"알았어, 알았다고."

"그런데 내가 온 이유를 왜 묻지 않는 거야?"

코딱지에게 왜 왔냐고 묻기보다는 왜 파내졌냐고 물어야 할 것 같았다. 어쨌든 나는 코딱지가 원하는 대로 질문했다.

"왜 왔지?"

"난 네 고민을 해결해 주려고 왔어. 수학 말이야."

"수학을? 어떻게? 왜? 뭐 때문에?"

난 얼떨떨한 얼굴로 질문을 퍼부었다.

"수학 때문에 네가 코딱지를 너무 파잖아. 수학 시간만 되면 콧구멍 세상에 사는 우리 코딱지들이 살기 힘들어진단 말이야. 다들 언제 잡혀갈지 몰라서 불안에 떨고 있다고. 요즘은 코피 형님까지 걱정이야. 네가 너무 파서 코피가 쏟아질지 모른다면서 나더러 얼른 가 보라고 하더라고. 나는 다른 코딱지들을 대표해서 이 문제를 해결하려고 온 거야."

"흥!"

팔짱을 끼면서 나는 콧방귀를 뀌었다.

"코딱지 따위가 뭘 할 줄 알겠어. 말하는 코딱지는 있을 수 있겠지만, 수학 하는 코딱지는 있을 수 없어! 코딱지만 한 주제에 잘난 척은!"

"푸핫!"

코딱지가 허리를 꺾으며 소리나게 웃었다.

"한 가지만 말해 주지. 네 이름에는 비밀이 숨어 있어. 난 그걸 수학으로 풀 수 있지."

엄마 아빠에게도 들어 본 적이 없는, 처음 듣는 소리였다.

"네가 내 이름을 알기나 해?"

"당연하지. 네 콧구멍 속에서 지겹도록 들었으니까. 앞으로 읽어도, 뒤로 읽어도 같은 이름, 오대오!"

"그래. 하지만 나 같은 이름은 세상에 수도 없이 많아. 난 앞으로 읽어도 뒤로 읽어도 같은 이름을 열 개도 더 말할 수 있어. 기러기, 실험실, 스위스, 토마토, 기중기, 다시다, 일요일, 십대십, 백대백, 억대억!"

나는 줄줄 늘어놓으며 아는 척을 했다.

"겨우 그 정도야? 내가 해 볼까? 다들 잠들다, 아 좋다 좋아, 다시 합창합시다, 자꾸만 꿈만 꾸자!"

"어쭈!"

"더 해 볼까? 아들 딸이 다 컸다 이 딸들아, 다 큰 도라지일지라도 큰다, 다리 그리고 저고리 그리다, 가련하시다 사장집 아들딸

들아 집장사 다시 하련가!"

"헐!"

난 입을 쩍 벌렸다. 코딱지는 스물한 글자나 되는, 거꾸로 읽어도 같은 글자를 술술 말했다.

나는 나중에 아이들 앞에서 써먹고 싶어서, 학습지 귀퉁이에 몰래 적어 놓았다.

"거꾸로 읽어도, 똑바로 읽어도 같은 오대오! 수학이 지겨워?"

"학습지를 보면 알잖아. 숫자들이 날 물어뜯고 있어. 게임이나 하고 싶어."

난 고개를 힘없이 떨어뜨렸다.

"그렇다면 수학으로 게임이나 해 볼까? 숫자 거꾸로 하기 게임."

"그런 게 있어?"

"68 거꾸로는 뭐지?"

"86!"

"68+86 해 봐."

"음… 154!"

"154를 거꾸로 하면 451! 154+451 하면?"

"음… 605!"

"605를 거꾸로 하면 506. 605+506 하면?"

"1111."

난 가만히 연습장을 내려다봤다.

"오우, 신기한걸! 숫자가 꼬리에 꼬리를 무네. 거꾸로 수를 계속 더하니까, 마지막에 거꾸로 읽어도 바로 읽어도 똑같은 숫자 1111이 나왔어! 이런 게 또 있어?"

"물론이지. 114+411은?"

"525! 또 거꾸로 숫자!"

"112+211=323, 126+621=747, 145+541=686, 241+142=383…. 너도 한번 만들어 봐."

"가만, 가만! 그 정도는 나도 만들 수 있을 것 같아."

난 연습장에 숫자를 적었다.

"찾았다, 312+213=525!"

"잘했어. 325, 415, 531, 632, 721…. 얼마든지 있어."

"아하하하. 신기하다, 신기해! 수학에도 오대오가 있었어."

난 배를 잡고 웃었다. 이 순간만큼은 그 지겨운 덧셈이 지겨운 줄 몰랐다.

"그것 봐. 수학이라고 꼭 지겨운 건 아니야."

"아니야, 수학은 문제를 풀어야 하잖아. 문제를 풀고 나면 채점을 받아야 하고, 틀리면 혼까지 난단 말이야. 수학이 지겹지 않다는 사람이 있으면 그게 더 이상한 거야."

난 입술을 심술궂게 내밀었다. 코딱지는 학습지 위에 주저앉아 팔로 턱을 괬다.

"수학은 문제 풀이만 있는 게 아니야. 문제만 잘 푼다고 수학을 잘하는 것도 아니고, 문제를 풀려고 수학을 배우는 것도 아니야. 문제 풀이는 수학에서 아주 작은 부분이라고."

"말도 안 돼. 수학은 공부하기 싫어하는 어린이들을 괴롭히려고 선생님들이 만들어 낸 거란 말이야! 수학이 없어지면 선생님들은 할 일이 없어질 거야. 일자리를 잃고 학교에서 쫓겨나고 말 거라고. 그래서 선생님들은 점점 더 복잡하고 어려운 수학 문제를 내는 거야."

나는 그동안 갖고 있던 생각을 풍선 터트리듯이 터트렸.

코딱지가 두 팔을 번쩍 들었다.

"맙소사, 정말 그렇게 생각해?"

"그래, 운동장에 한 줄로 서 있는 아이들을 세거나, 지하철에 탄

승객을 세는 방법을 왜 알아야 하는 거야? 내가 선생님이라면 수학으로 게임 잘하는 법, 아이템 잘 따는 법, 용돈 더 버는 법, 그리고 시험 볼 때 계산 안 하고 무조건 찍어서 문제 잘 맞히는 법을 가르쳐 줄 거야."

코딱지는 어이없다는 표정을 지으며 고개를 갸우뚱거렸다.

"두 개에 50원인 과자와 세 개에 100원인 과자가 있어. 어느 걸

골라야 더 이익일지 알 수 있어?"

"아니."

"꿀벌이 왜 육각형으로 벌집을 만드는지 알아?"

"아니."

"음료수 캔이 왜 둥근지 알아?"

"아니."

"큰 수박 한 개를 사는 게 나을지, 작은 수박 여러 개를 사는 게 나을지도 모르잖아. 화장실의 두루마리 휴지가 쓰면 쓸수록 더 빨리 줄어드는 이유도 모를 테고, 한쪽 눈을 감고 물건을 잡으려면 왜 잘 잡을 수 없는지도 모르잖아."

"몰라. 그게 다 수학이란 말이야?"

어리둥절한 얼굴로 내가 물었다.

"당연하지. 수학을 모르면 세상을 사는 게 보통 불편한 게 아니야. 어른이 되면 제대로 어른 역할을 할 수 없단 말이지. 반대로, 수학을 잘하면 장사꾼에게 속지 않고 물건을 살 수 있고, 복권에 맞을 확률을 계산할 수도 있고, 신문지를 50번 접어 달나라까지 도착하는 방법을 알아낼 수도 있어."

"오우!"

나는 감탄을 터트렸다. 수학을 잘하고 싶은 마음이 코딱지만큼 생기기 시작했다.

"어쨌거나, 지금 난 몹시 배가 고파. 이 학습지를 다 풀지 않으면

굶어서 쓰러질 거야."

"그렇다고 날 먹을 건 아니지? 코딱지를 먹는 건 다섯 살 애들이나 하는 짓이야. 이제부터 차분한 마음으로 문제들을 하나씩 풀어 봐. 난 이만 가 봐야겠어."

코딱지는 책상 구석으로 걸어갔다.

"아참, 잊은 게 있어. 계산을 잘한다고 수학을 잘하는 건 아니야. 진짜 수학을 잘하는 사람은 이미 푼 문제라도 계속 들여다보면서 다른 방법으로 풀 수 있는지 찾아 보는 사람이야."

"난 틀릴까 봐 항상 걱정된단 말이야."

"네가 수학을 잘하고 싶다면 절대로 수학을 두려워해서는 안 돼. 지금 못 풀었다고 포기하지 마. 생각하고 또 생각해서 자기만의 방법을 찾으면 돼. 천재 수학자들은 다 그런 방법으로 공부했으니까."

알 듯 말 듯한 말이었지만, 난 고개를 끄덕였다.

"오늘은 널 처음 만난 기념으로 특별한 수학 문제를 선물로 줄게. 내가 내는 문제를 하나씩 풀다 보면 넌 어느새 수학 천재가 되어 있을 거야."

"정말?"

나도 수학 천재가 될 수 있다는 말에 괜히 기분이 상쾌해졌다.

머리가 좋아지는 수학 문제

오늘은 코딱지 나라의 대왕을 뽑는 날이야. 세상의 모든 코딱지들이 모여서 투표를 했어. 누가 가장 많은 표를 얻었을까?

기호 1번 검은 코딱지 — "세상을 코딱지로 뒤덮으리라!"

기호 2번 누런 코딱지 — "부스러기 코딱지를 위해 세상을 바꿉시다!"

기호 3번 코털 섞인 코딱지 — "코털과 함께 평화로운 콧속 세상을 만들겠습니다!"

투표 결과

기호 1번 **검은 코딱지**　　　134표 + 187표 = (　　　)표

기호 2번 **누런 코딱지**　　　198표 + 125표 = (　　　)표

기호 3번 **코털 섞인 코딱지**　155표 + 163표 = (　　　)표

답: 축 당선! (　　　　　)가 코딱지 나라의 대왕이 되었습니다!

★코딱지의 힌트★
받아올림 하는 것을 절대 잊지 마!

"또 올게."

수학 문제를 낸 코딱지는 책상 구석으로 사라졌다. 아무리 살펴봐도 어디로 갔는지 알 수 없었다.

"대오야, 뭐 하니?"

아빠가 문을 열었다.

"지금 바빠요. 수학 천재에 도전하는 중이거든요."

나는 학습지에 코를 박았다. 내가 생각해도, 내가 좀 이상했다. 갑자기 나타난 말하는 코딱지에게 수학을 배웠다니!

왕코딱지의 가르침

- 끝이 보이지 않는 엄청나게 큰 수 단박에 읽기
- 만, 억, 조를 기억하라
- 종이에 쓰지 않고도 빛의 속도로 계산하는 법

교과서 찾아보기

3학년 1학기 2. 덧셈과 뺄셈
4학년 1학기 1. 큰 수

엄청나게 큰 수 계산하기

★ 3단계
수학 지능
21점

"휴!"

아빠가 고개를 절레절레 흔들었다.

거실 한쪽에 작은 상을 펴 놓고 아빠는 뭔가를 열심히 계산하는 중이었다. 나는 엄마가 후식으로 준 아이스크림을 핥으면서 어깨 너머로 아빠를 내려다봤다.

"우왕! 이게 얼마예요?"

엄청나게 긴 숫자들이 꼬리에 꼬리를 물고 이어졌다. 세상에서 그렇게 큰 수는 처음 봤다.

"회사 일인데, 오늘 안에 마쳐야 하거든. 그런데 수가 너무 복잡해서 여러 번 계산해도 자꾸 틀리는구나. 하필이면 계산기가 고장이 날 게 뭐냐."

아빠는 또 한 번 길게 한숨을 내쉬었다. 아빠는 틀리지 않으려고 연필로 수를 하나씩 짚으면서 셌다.

"일, 십, 백, 천, 만, 십만, 백만, 천만…. 그러니까 492조 1283억

3472만… 어, 아니잖아? 또 틀렸어."

아빠는 두 손으로 머리카락을 쥐고 흔들었다. 저러다 아빠의 머리카락이 다 빠질까 봐 걱정이 됐다.

'어른들도 수학 때문에 고생하는구나.'

괴로워하는 아빠를 보고 있자니, 어른이라고 무조건 좋은 건 아니라는 생각이 들었다.

갑자기 콧구멍이 또 근질거렸다. 복잡한 숫자를 봐서 그런 것 같았다. 난 손가락으로 콧구멍을 시원하게 파면서 내 방으로 들어갔다.

누런 코딱지가 손가락 끝에 붙어 있었다. 오늘은 어디에 붙여 놓을까? 코딱지 붙일 곳을 찾아 주위를 두리번거렸다.

벽에도, 침대 옆에도, 책상 밑에도, 심지어 창틈에도 딱딱하게 마른 내 코딱지들이 붙어 있었다. 그동안 붙여 놓은 코딱지들이 이렇게 많았다니!

책상 밑을 더듬거릴 때 꼬물꼬물 개미만큼 작은 게 기어 나왔다. 코딱지였다.

"안녕, 코딱지."

"귀딱지라고 부르라고 했지?"

"어, 그래. 귀딱지. 오늘은 어제보다 좀 불편해 보이는걸."

"몸이 말라서 그래. 네가 콧물을 묻혀 주면 몸이 한결 부드러워질 텐데."

"그쯤이야!"

난 코를 흥, 하고 풀어서 손가락 끝에 묻은 콧물을 코딱지에게 묻혀 주었다. 코딱지는 마치 오일 마사지라도 하는 듯 기분 좋은 표정을 지었다.

"이봐, 귀딱지 선생. 넌 수학을 할 줄 안다고 했지?"

"물론이지. 뭐든 물어 봐."

코딱지는 팔짱을 끼며 거드름을 피웠다. 난 공책에 아주 긴 수를 썼다. 한번 당해 보라는 심보였다.

590000000000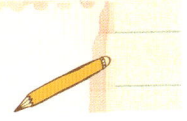

"이걸 읽어 봐. 못 읽으면 널 코딱지만 한 녀석이라고 부를 거야."
"5900억."
코딱지는 망설이지 않고 단숨에 말했다.
"헉! 이렇게 큰 수를 어떻게 읽은 거지?"
"이번에는 내 차례야."
코딱지는 공책에 수를 쓰기 시작했다. 숫자가 너무 작아서 돋보기로 들여다봐야 했다.

7234847204958173

"컥! 이건 지구에서, 아니 은하계에서 가장 큰 수 같은걸. 세상에 이렇게 큰 수가 있다는 걸 처음 알았어."
"포기하는 거야?"
코딱지가 물었다.
"날 뭘로 보고! 이래 보여도 두 자리 수 나이란 말이다. 코 흘리는 저학년이 아니란 말이지. 조금만 기다려 봐."
그때 좋은 생각이 났다.
"아참, 선생님이 그러셨지! 수를 쓸 때 세 자리마다 점을 찍으면 알아보기 편하다고 했는데…."

7,234,847,204,958,173

"일, 십, 백, 천, 만, 십만, 백만, 천만, 억, 십억, 백억, 천억, 아직도 안 끝났어…."
눈동자가 팽팽 돌아가고 숨이 막혔다.
"헉헉헉!"
난 숨을 몰아쉬었다.
"포기할 거야?"
"포기하는 게 아니라, 숨이 막혀 못 하는 거야. 내가 수를 읽다가 숨이 막혀 죽으면 좋겠니!"
나는 뻥을 쳤다.
흠, 하고 코딱지는 콧방귀를 뀌었다.
"잘 봐. 한 번에 큰 수를 읽을 수 있는 방법이 있어. 그것도 아주 쉽게."
난 귀가 솔깃했다.
"먼저, 만억조를 외워."
"만억조, 만억조…. 구관조도 알겠고, 일석이조도 알겠고, 기계체조도 알겠는데, 만억조는 처음 들어 보는걸."
"만억조는 큰 수를 세는 단위야. 나처럼 해 봐. 큰 수가 있으면 무조건 네 자리씩 끊어."

7,234, / 847,2 / 04,95 / 8,173
　　조　　　　억　　　　만

"그리고 네 자리 밑에 오른쪽에서부터 만, 억, 조라고 쓰는 거야. 이제 앞부터 차례대로 읽어 볼게. 7234조 8472억 495만 8173!"
난 손뼉을 쳤다.
"쉽구나! 그냥 네 자리씩 끊어서 읽으면 되는 거구나. 이제는 아무리 큰 수라도 읽을 수 있겠어."

313, / 854,8 / 56,93 / 0,383
　　조　　　억　　　　만

"이건 313조 8548억 5693만 383이야."
내가 자신 있게 말했다. 갑자기 눈앞이 환해지는 기분이 들었다.
"큰 수끼리의 계산도 가르쳐 줄 수 있어? 우리 아빠가 몹시 힘들어해서 말이야."
나는 공책에 아주 긴 덧셈 문제를 썼다.

234,847,204,958,173＋344,147,502,230,001

이 정도면 코딱지라도 포기할 줄 알았다. 그런데 아무 일도 아니라는 듯 대답했다.

"이쯤이야! 네 자리씩 끊는 방법을 쓰면 돼. 아무리 큰 수라도 쉽게 계산할 수 있어."

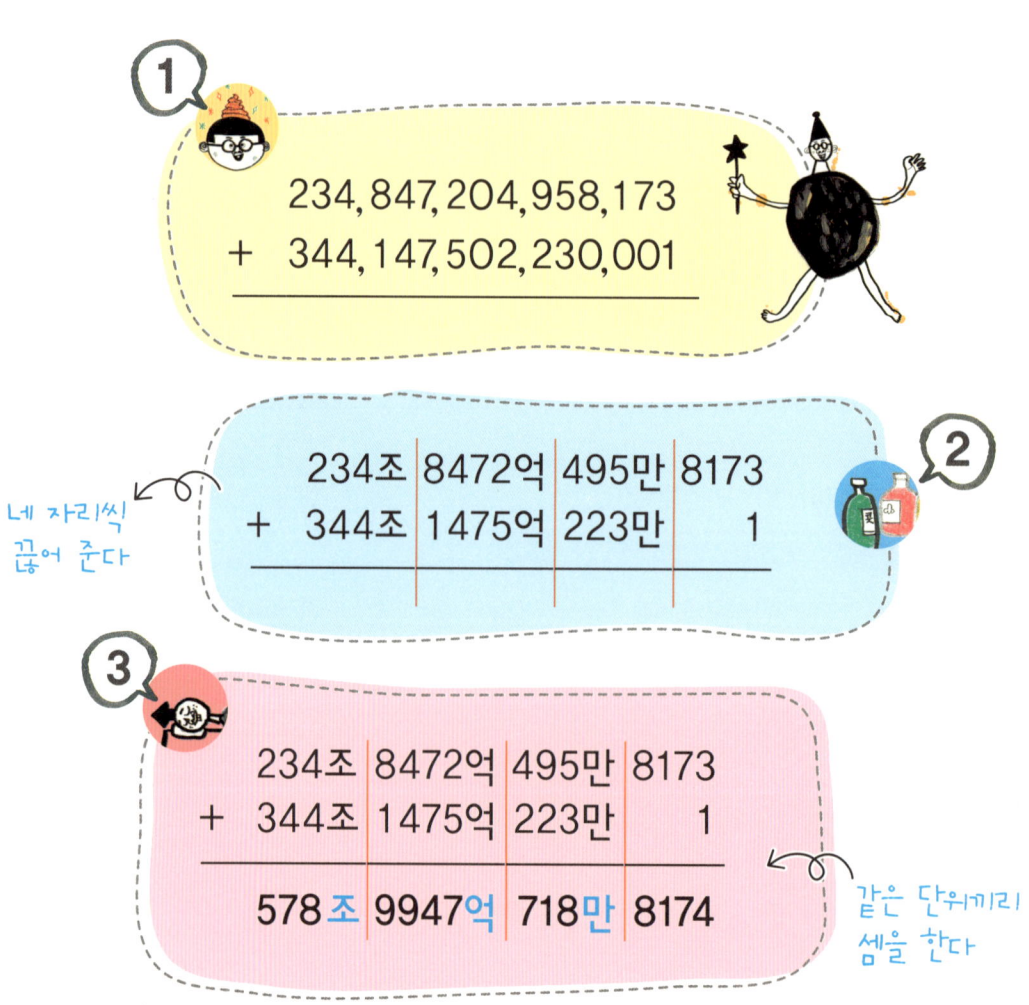

"조 단위는 조 단위끼리, 억 단위는 억 단위끼리, 만 단위는 만 단위끼리 끊어서 셈을 하는 거야."
코딱지가 설명했다.
"헛, 이렇게 간단한 것을! 이런 걸 틀리면 바보 소리 듣지."
내가 소리를 질렀다.
"방금 전까지 누가 바보였던 것 같은데."
코딱지가 은근히 비웃었다.
"오늘도 머리가 좋아지는 수학 문제를 내 봐. 얼마든지 풀어 줄 테니까."

머리가 좋아지는 수학 문제

일본에 가면 '고릴라의 코딱지'라는 과자가 있어. 거무튀튀하고 끈적끈적해. 맛은 달짝지근하고 고소하지. 너무 잘 팔려서 이번에 '수달의 코딱지'라는 과자가 새로 나왔어. 물론 진짜 코딱지로 만든 건 아니고, 검은 콩으로 만든 거야.

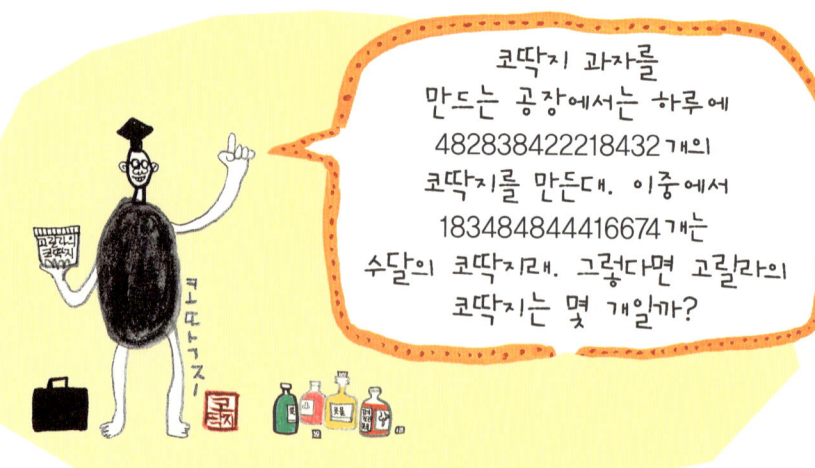

코딱지 과자를 만드는 공장에서는 하루에 482838422218432개의 코딱지를 만든대. 이중에서 183484844416674개는 수달의 코딱지래. 그렇다면 고릴라의 코딱지는 몇 개일까?

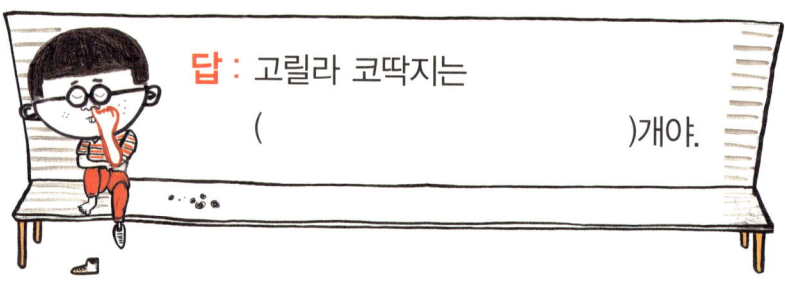

답 : 고릴라 코딱지는 ( )개야.

나는 만억조를 이용해서 멋지게 풀었다. 그러자 내가 배운 수학 실력을 뽐내고 싶었다. 문을 슬그머니 열고 거실로 나갔다. 아빠는 코를 골며 소파에 잠들어 있었다. 계산을 하다가 지쳤나 보다.

상 위에 아빠가 하다 만 일이 놓여 있었다.

가장 복잡해 보이는 문제 몇 개를 골라 계산을 했다. 코딱지 말대로 하니까 별로 어렵지 않았다. 그러고는 모른 척 얼른 내 방으로 돌아와 침대에 누웠다.

잠시 후, 아빠의 놀란 목소리가 들려왔다.

"이걸 누가 한 거야? 당신이 했어요?"

빨래를 탁탁 터는 소리와 함께 엄마의 목소리가 들렸다.

"아까 대오가 하는 거 같던데…."

"대오가? 대오가 이걸 했단 말이야? 계산기도 없이?"

"그럴 리 없어요. 잘 확인해 봐요."

"아니야, 우리 대오가 했어. 우리 대오가 수학 천재였어요!"

아빠가 감탄했다.

"구구단도 가끔 헷갈리는 애가 천재는 무슨! 수학을 벌레 보듯이 하는 애예요."

엄마는 눈곱만큼도 믿지 않았다.

나는 침대에 누워 이불을 머리끝까지 뒤집어썼다. 큭큭큭, 자꾸 웃음이 나서 견딜 수가 없었다.

수학이 무지무지 재미있어질 것 같은 밤이었다.

두 자리 수 속셈법 배우기

★4단계
수학 지능 38점

"47+29=?"

선생님이 질문했다.

교실은 침 넘어가는 소리가 들릴 만큼 조용했다. 누구도 손을 들지 않았다.

오늘은 수요일이다. 점심시간이 끝나고 오후 수업 시간이 시작됐다. 그런데 이런!

소화도 되기 전에 속이 거북한 일이 벌어졌다. 일주일에 한 번씩 치르는 속셈 퀴즈 시간이 바로 오늘이었다.

속셈이란 젓가락 없이 자장면 먹는 것만큼이나 어려운 것이다. 선생님이 문제를 내면, 종이에 쓰지 않고 오로지 머릿속으로 암산을 해서 계산을 해야 한다.

가장 빨리, 정확한 답을 말하는 아이에게는 선생님이 영광의 상품을 내려 주었다. 지우개와 공책 등이 들어 있는 문구 세트였다.

그러나 반대로 틀리는 아이에게는 망신 박수가 쏟아졌다. 망신 박수란, 반 아이들 전체가 "에이, 공부 더 해"라고 외치면서 두 손바닥을 뻗어 코에 대고 흔드는 거였다. 공부를 못 하는 아이에게 나쁜 냄새라도 나는 듯이.

나로 말할 것 같으면, 상품을 한 번도 받아 보지 못했다. 사실대로 말하자면, 상품을 받을 생각조차 하지 못했다. 망신 박수만 네 번 받았다.

망신 박수를 받으면 잘 익은 사과처럼 얼굴이 빨갛게 달아오른다. 쉬는 시간에도 아이들이 놀리기 때문에 마음 놓고 돌아다니지 못한다.

그래서 나는 속셈 퀴즈 시간이 되면 거북이처럼 목이 움츠러들었다. 선생님과 눈이 마주칠까 봐 얼굴을 숨기느라 바빴다. 아무 생각 없이 선생님을 멍하니 바라보고 있다가는 이름이 불리기 십상이다.

"아직 모르겠어? 누가 해 볼래?"

선생님은 아이들을 둘러보았다. 나는 고개를 돌리고는 가자미처럼 눈동자만 돌려서 눈치를 살폈다.

연지가 손을 번쩍 들었다. 오늘따라 잘난척쟁이 연지가 고마웠다. 연지 때문에 다른 아이를 시키지 않을 테니 말이다.

"76입니다."

"맞았다. 역시 연주로구나. 벌써 다섯 문제 연속으로 맞혔어. 마지막 문제는 연주 말고 다른 친구들이 맞혀 보도록 해. 연주는 가만히 있어라."

어이쿠, 먹구름처럼 몰려오는 이 불안감은 뭐람!

"97+59=?"

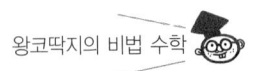

아이들이 바짝 긴장해서 눈동자를 굴렸다.
'97에 59… 97에 59….'
숫자들이 머릿속에서 파리처럼 윙윙거리며 돌아다녔다. 잡으려고 하면 도망치고, 잡으려고 하면 또 도망쳤다. 나중에는 97이 79가 되었다가 95로 변하고, 다시 75가 되기도 했다. 이래서는 도저히 속셈을 할 수 없다.
그런데 갑자기 콧구멍이 근질거렸다. 다리가 많이 달린 벌레가 콧구멍 속에서 기어 다니는 것 같았다.
"에… 에… 에취!"
난 재채기를 터트리고 말았다. 교실이 들썩거릴 만큼 큰 재채기였다. 아이들과 선생님의 눈이 일제히 나를 향했다.
선생님은 마침 잘됐다는 표정을 지었다.
"대오가 있었구나. 그래, 대오가 맞혀 봐라. 97+59=?"
"저… 그게…."
난 똥 마려운 강아지마냥 끙끙거렸다.
"그래, 그러니까 답이?"
"그게 그러니까…."
"그게 그러니까?"
선생님은 내 앞으로 다가와 재촉했다. 내 입에서 어떤 답이 나올지 잔뜩 기대하는 얼굴이었다. 아이들도 고개를 길게 빼고 날 쳐다봤다.

머릿속이 새하얗게 되면서 아무 생각도 나지 않았다. 오줌이 마려웠다.

"그게 그러니까… 선생님, 화장실 좀 다녀오면 안 될까요?"

"푸휴!"

선생님 입에서 바람 빠지는 풍선 같은 소리가 났다. 아이들이 와르르, 자갈 굴러가는 소리를 내며 웃었다.

"얼른 다녀와."

난 후닥닥 뛰어서 교실 문을 열고 화장실로 달렸다. 등 뒤로 아이들의 웃음소리가 화살처럼 날아왔다.

"내가 그랬어."

"네가? 네가 왜?"

화장실에서 나는 내 손가락 끝에 매달린 코딱지에게 물었다.

"내가 재채기를 하라고 콧구멍 속을 간질였어."

난 코딱지의 말에 부르르 몸을 떨었다.

오늘 아침 코딱지는 답답하다며 학교에 데려가 달라고 떼를 썼다. 콧구멍 속에 있을 때는 창문(콧구멍)을 통해서 창밖 풍경(콧구멍 밖 세상)도 내다보고, 바람(콧바람)도 술술 들어오기 때문에 답답하지 않았다고 한다.

그래서 나는 코딱지를 다시 콧구멍 속에 집어넣고 학교에 왔다. 코딱지는 콧구멍 속 코털을 잡고는 대롱대롱 매달려 콧노래를 불렀다. 그런데 이 코딱지가 날 위기에 빠뜨린 것이다.

"못된 녀석, 널 짓이겨 주겠어!"
엄지를 갖다 대자 코딱지가 소리쳤다.
"그게 아니야! 난 네가 자신 있게 문제를 푸는 모습을 보고 싶었던 거야. 제발 짓이기지 말아 줘. 내 멋진 몸매가 납작해지는 건 싫어."
"망신 박수를 받는 꼴을 보고 싶었던 게 아니고?"
내가 빈정거렸다.
그리고 휴, 하고 한숨을 내쉬며 변기 위에 주저앉았다. 어서 빨리 속셈 시간이 지나가기만 기다렸다.
"도대체 속셈 따위를 왜 하는지 모르겠어. 계산기를 쓰면 되잖아. 속셈 문제만 들으면 날카로운 가시가 내 머리를 찌르는 것 같단 말이야."
"선생님이 속셈을 시키는 건 다 이유가 있어. 언제나 계산기를 들고 다닐 수는 없잖아. 아주 간단한 셈 정도는 머릿속으로 척척 암산으로 해낼 수 있어야 해. 그러면 계산 속도가 빨라지니까 생활에서 편리할 때가 많아. 물건을 살 때도 그렇고, 잔돈을 거슬러 받을 때도 그렇고…."
나는 고개를 끄덕일 수밖에 없었다.
"하긴 그렇지. 붕어빵을 살 때마다 나도 헷갈린단 말이야."
"대오아, 너 속셈을 잘하고 싶지?"
코딱지가 귀여운 척하는 목소리로 물었다.

"잘하고 싶지. 하지만 난 머리가 나빠. 속셈은 머리가 좋아야 해. 뇌에서 반짝반짝 윤기가 흘러야 한단 말이야. 난 뇌에 먼지가 끼었는지 머리가 잘 돌아가질 않아."

나는 솔직하게 말했다. 그런데 코딱지는 내 생각과는 전혀 다른 대답을 내놓았다.

"절대 아니거든! 속셈은 연습만 하면 누구나 할 수 있어."

"연습하면 되는 거였어? 나도? 어렵지 않아?"

"물론이지, 지금 당장 가르쳐 줄 수 있는걸. 한 가지 법칙만 사용할 줄 알면 돼."

"단 한 가지라고?"

나는 귀가 솔깃해졌다. 코딱지는 화장실 거울로 기어 올라갔다. 스케이트를 타듯 거울 위를 빙글빙글 돌면서 몸을 비벼 수를 썼다.

"1+9나 7+3, 2+8은 쉽게 할 수 있지?"

"그건 그렇지. 딱 맞아떨어지는 건 계산하기 쉽잖아."

"그러니까 덧셈을 할 때 딱 맞아떨어지게 수를 바꿔서 하면 속셈이 되는 거야."

"그게 무슨 소리야?"

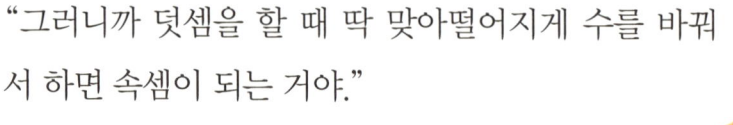

거울에 쓰인 계산식을 보자, 내 눈은 다시 팽팽 돌아가기 시작했다.
"어렵게 생각하지 말라고. 99와 딱 맞아떨어지는 수는 몇이지?"
"1이지 뭐긴 뭐야."
"그렇지, 99와 맞아떨어지려면 55를 1+54로 나누면 돼."

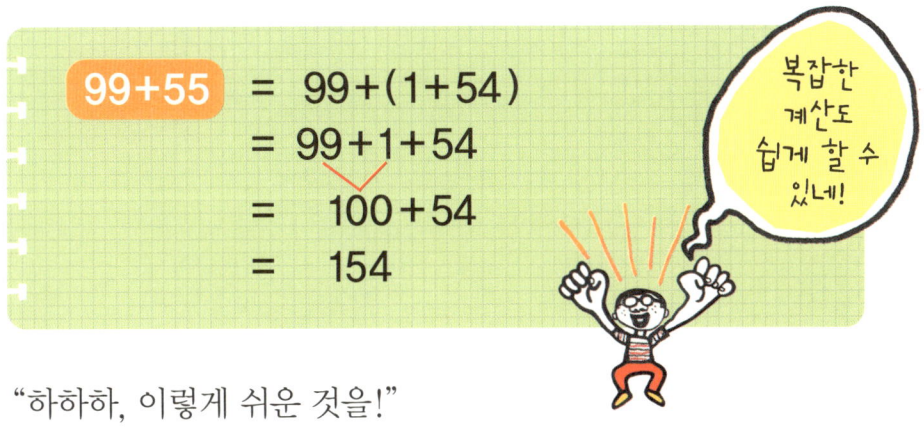

"하하하, 이렇게 쉬운 것을!"
"다른 문제에 도전해 볼까?"

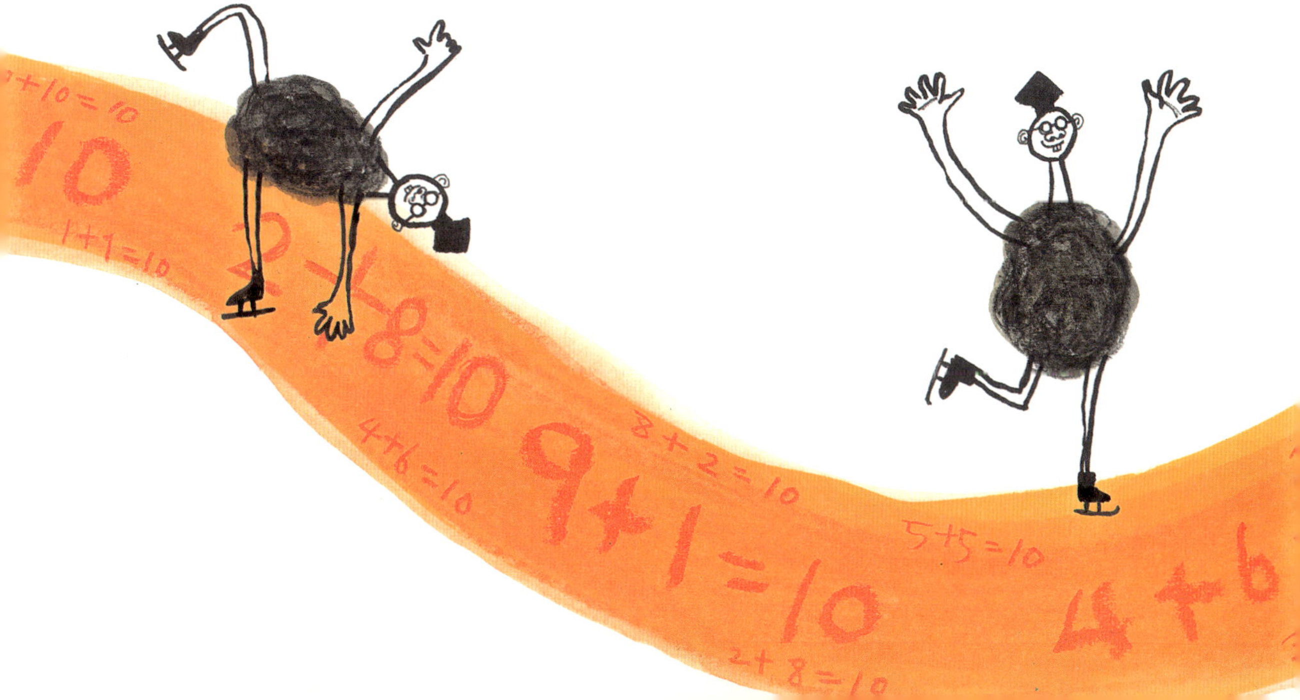

68+15=

"맞아떨어지는 수를 찾아 봐."
코딱지가 물었다.
"내 눈에는 안 보이는걸."
"68과 딱 맞아떨어지게 15를 갈라 봐. 68과 맞아떨어지는 건 2 잖아."
"아, 맞다! 15를 2+13으로 가르면 되는구나."

$$\begin{aligned} 68+15 &= 68+(2+13) \\ &= 68+2+13 \\ &= 70+13 \\ &= 83 \end{aligned}$$

"쉽지? 두 수를 더할 때에는 10으로 맞아떨어지도록 수를 가른다. 이것이 덧셈을 잘하는 법칙이야."
"히히히!"
난 또 한 번 웃었다.
"뺄셈도 가르쳐 줘."
"뺄셈 속셈법도 덧셈이랑 비슷해. 뺄셈도 수를 맞아떨어지게 가르면 돼."

65−39=

"받아내림이네. 내가 제일 싫어하는 받아내림."
저절로 목소리가 커졌다.
"겁먹지 마. 이런 문제는 누워서 코딱지 파기보다 쉬워. 65에서 쉽게 뺄 수 있는 수가 뭐지?"
"쉽게 빼는 수라니?"
내가 고개를 갸웃했다.
"35잖아. 65−35는 쉬우니까."
그제야 난 고개를 끄덕였다.
"39는 35+4와 같아. 그러니까 65−35를 하면 30, 거기에서 남은 4를 또 빼 주면 돼."

"아하! 덧셈이랑 비슷한 거네. 뺄셈도 계산하기 쉽게 수를 가르면 되는구나."
코딱지가 또 문제를 냈다.

머리가 좋아지는 수학 문제

지금 네 책상 밑에는 코딱지가 73개 붙어 있어. 그중에서 45개는 네 코딱지야.

그렇다면 네 짝꿍 현화의 코딱지는 몇 개일까? 속셈으로 해 봐.

★코딱지의 힌트★
73-43을 먼저 하고, 30에서 또 2를 빼면 돼.

식:　　　　　　　답:(　　)개

난 자신 있게 속셈을 했다.
"잘했어!"
난 기분이 좋아 주인을 만난 강아지마냥 팔짝팔짝 뛰었다.
"대오야, 거기 있어?"
화장실 밖에서 현화가 불렀다.

"응!"

난 얼른 대답했다.

"선생님이 너 찾아오라고 보내셨어. 변기에 빠진 건 아니냐면서. 떠드는 소리가 들리는 것 같던데, 안에서 누구랑 떠드는 거야?"

현화는 화장실 문을 열려고 했다. 난 현화가 문을 못 열게 세게 잡고 놔주지 않았다.

"그게 아니야. 똥이 길어서 그래."

"중간에서 안 끊어져?"

현화는 걱정스러운 목소리로 물었다.

"그렇다니까! 금방 갈 테니까 먼저 가."

"알았어. 빨리 와, 안 끊어지면 흔들어서 떨어내. 나도 그랬으니까."

현화의 발걸음 소리가 멀어졌다.

휴, 하고 나는 한숨을 쉬었다. 코딱지는 어느새 내 콧구멍 속으로 기어 들어갔다.

교실에서는 속셈 퀴즈가 계속 이어지고 있었다.

나는 아무 일 없었다는 듯이 얌전히 자리에 가서 앉았다.

"95-58=?"

선생님이 답답한 표정으로 아이들을 향해 물었다. 아이들은 조개처럼 입을 꾹 다물고 있었다.

그런데 이상했다. 갑자기 눈앞이 환해지는 기분이 들었다. 파스를 바른 듯 머리가 시원해지는 것 같았다.

"37."

나도 모르게 대답했다.

"누구냐?"

선생님이 놀란 목소리로 물었다. 아이들 역시 놀란 눈으로 나를 쳐다봤다.

"대오가 맞혔구나. 화장실 다녀오더니 머리가 잘 돌아가는 모양이구나."

"대오가 웬일이야?"

"그럼 69+14=?"

"83요!"

내가 또 맞혔다. 선생님이 믿을 수 없다는 표정을 지으며 내 앞으로 다가왔다.

"84-37=?"

"47요."

"99+102=?"

"201요."

"55+37=?"

"92요."

내 입에서 답이 술술 나왔다.

"우와와!"

아이들이 동시에 자리에서 일어나며 감탄을 했다. 마치 UFO라도 봤다는 얼굴이었다.

"말도 안 돼! 저건 대오가 아니야. 외계인이 변신한 거야."

동구가 소리쳤다.

선생님이 입가에 활짝 미소를 지었다. 내 머리를 부드럽게 쓰다듬으며 말했다.

"대오가 수학 공부를 열심히 했나 보구나. 오늘의 속셈 퀴즈왕은 오대오다!"

선생님은 빨간 포장에 담긴 문구 세트를 주었다. 아이들의 박수 소리가 교실을 가득 채웠다.

난 연주를 힐끔 쳐다봤다. 연주는 눈을 내리깔고 연필 귀퉁이를 씹고 있있다.

연필 맛이 꽤 쓸 것 같았다. 자꾸 웃음이 났다.

왕코딱지의 가르침

- 두 자리 수 곱셈 끝내기
- 곱셈의 원리와 규칙 깨닫기
- 한 가지 원리로 1000가지 문제를 푸는 법

교과서 찾아보기

3학년 2학기 2. 곱셈

4학년 1학기 2. 곱셈과 나눗셈

★ 5단계
수학 지능 51점

두 자리수
곱셈 끝내기

"마흔두 장, 마흔세 장, 마흔네 장, 마흔다섯 장…."
"대오야, 뭐 해?"
코딱지가 책상 밑에서 기어 나오며 물었다.
"말 시키지 마. 어디까지 셌더라, 마흔여덟이었나?"
"뭘 그렇게 세는 거야?"
코딱지가 또 말을 걸었다.
"말 시키지 말랬잖아! 너 때문에 처음부터 다시 세어야 해. 하여튼 코딱지라서 눈치도 없어."
난 짜증을 내며 돌아앉았다. 그래도 코딱지는 궁금했는지 내 무릎 밑으로 꼬물꼬물 기어 왔다.
"뭐 하는데?"
"만지지 마! 코딱지 묻어."
"이게 다 뭔데?"

"내 보물 1호, 몬스터 스티커야."

"우와, 엄청 많다!"

코딱지는 부러운 눈길로 바라보며 감탄을 터트렸다. 내 앞에는 온갖 모양의 스티커들이 수북하게 쌓여 있었다.

스티커 속에서 번쩍번쩍 빛나는 나의 몬스터들. 코딱지 눈에는 이 스티커들이 빌딩보다 높고, 전광판보다 화려해 보일 것이다.

이걸 모으려고 그동안 얼마나 많은 깨과자를 먹었던가! 이젠 '깨' 소리만 들어도 속이 거북하고, 온몸에서 두드러기처럼 깨가 삐죽삐죽 돋을 것 같다.

"동구 녀석이 나보다 스티커가 더 많다고 자랑하잖아. 그래서 내 걸 다 세어 보는 거야."

"동구는 몇 장인데?"

"139장이래. 그 사이에 많이 모았더라. 깨과자를 몇 통이나 먹은 건지 모르겠어. 문방구에 가면 동구가 싹쓸이해서 깨과자가 남아 있질 않다니까."

난 실망한 얼굴로 아랫입술을 내밀었다.

"그래도 내가 더 많을 거야. 난 몬스터 스티커 모은 지 일 년도 더 됐단 말이야."

나는 단단히 각오를 한 표정을 짓고, 처음부터 다시 스티커를 세기 시작했다.

"한 장, 두 장, 세 장, 네 장…."

그때 코딱지가 야광 스티커를 가리켰다.
"이거 케로라 스티커잖아! 우와, 되게 멋있다. 밤에도 빛나겠어."
"건드리지 마. 이 스티커 뽑으려고 깨과자를 열 통도 더 먹었단 말이야."
난 케로라 스티커를 뺏어서 허벅지 밑에 숨겼다.
"칫! 내가 좀 만진다고 닳나?"
"일곱 장, 여덟 장, 아홉 장, 열 장….”
"칫, 칫, 치잇! 그렇게 한 장씩 세면 언제 다 세냐? 하루가 다 가겠네. 엄마한테 들키면 공부는 안 하고 스티커만 갖고 논다고 혼날걸!"
코딱지가 빈정거렸다.
코딱지 말이 맞긴 맞다. 할 수 없다. 나는 걱정스러운 목소리로 물었다.
"뭐 좋은 방법이 있긴 있어?"
"난 이 스티커가 몇 장인지 금방 세어 줄 수 있어."
"정말? 코딱지만 한 네가?"
"당연하지. 그런데 조건이 있어. 내가 다 세어 주면 케로라 스티커 줘라."
난 망설였다. 하필이면 케로라 스티커를 달라고 할 게 뭐람!
"싫으면 말고. 난 책상 밑에 붙어서 낮잠이나 자야겠다."
난 잠시 머리를 굴렸다. 케로라 스티커를 줄 수는 없고, 그렇다고

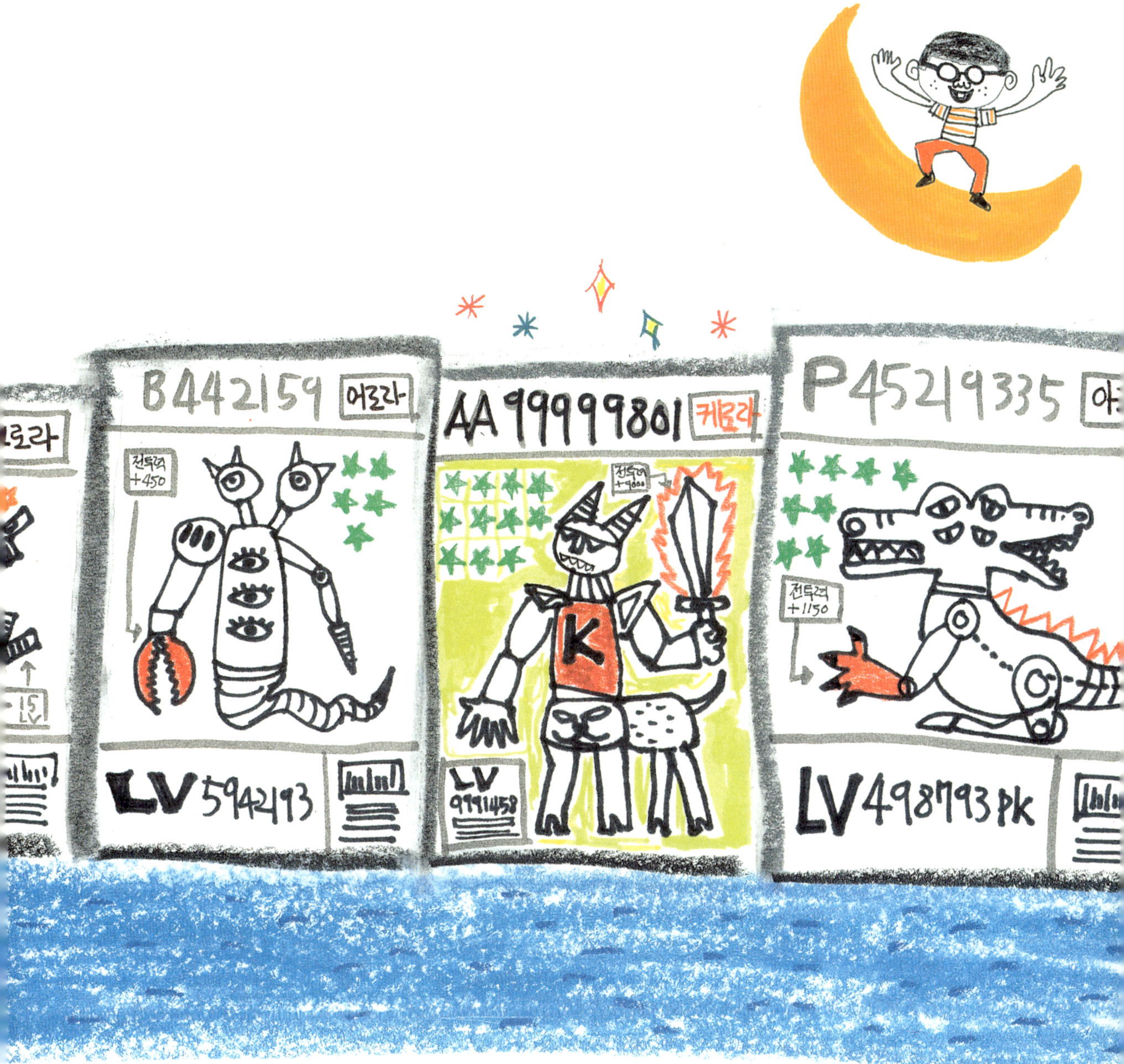

엄마가 올 때까지 세고 있을 수도 없다. 불 같은 엄마 성질에 다 뺏어 갈지도 모른다.

그렇다면 방법은 한 가지, 작전을 쓰는 거다. 코딱지가 스티커를 셀 동안, 케로라 스티커를 팬티 속에 몰래 감춘다. 코딱지가 다 세고 나면 케로라 스티커를 잃어버렸다고 거짓말을 친다.

"좋아, 세어 줘. 그쯤이야 얼마든지 줄게."

내가 선뜻 말했다. 그러자 코딱지는 신이 나서 콧노래를 불렀다.

"룰루랄라 룰루랄라. 대오야, 스티커를 10장씩 묶어서 늘어놔."

나는 시키는 대로 했다.

10장씩 묶은 스티커들이 방바닥에 나란히 자리 잡았다. 마지막에 8장이 남았다.

"아, 이거였어!"

난 그제야 코딱지의 방법을 알아차렸다.

"10장씩 묶음을 모두 더하면 되는구나. 10장+10장+10장+10장+10장+10장⋯."

그런데 많으니까 더하는 것도 쉽지 않았다. 손가락 열 개로도 부족했다. 한숨이 절로 나왔다.

"그게 아니야."

코딱지가 답답하다는 듯 버럭 소리를 질렀다.

"이렇게 많은 걸 언제 다 더해? 한 번에 간단하게 끝내야지. 이 스티커는 모두 138장이야."

난 신기해서 눈을 동그랗게 떴다.

"어떻게 알았어? 어떻게 한 번에 알아낸 거야?"

"곱셈."

"곱셈?"

"10장씩 묶음이 13개이고, 남은 게 8장이잖아. 그러면 10×13 하고, 남은 것 8장을 더하면 돼."

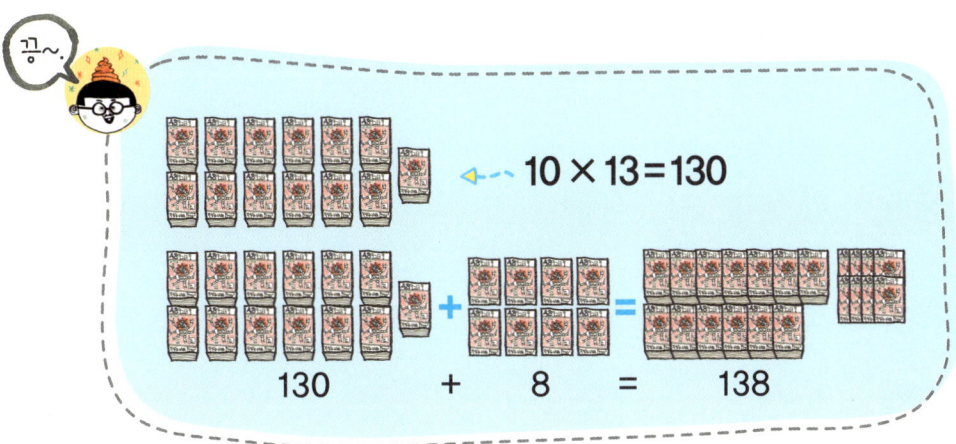

난 놀랐지만, 곧 시무룩한 표정을 지었다.

"왜 그래? 곱셈을 아직 몰라서 그래?"

코딱지가 물었다.

"아니야, 구구단도 외운다고. 나도 곱셈이 덧셈보다 편하다는 건 알아. 덧셈이 모이면 곱셈이 된다는 것도 안다고. 2학년 때 배웠단 말이야."

난 사탕을 꺼내서 덧셈을 곱셈으로 바꿔 보였다.

왕코딱지 골려 주기

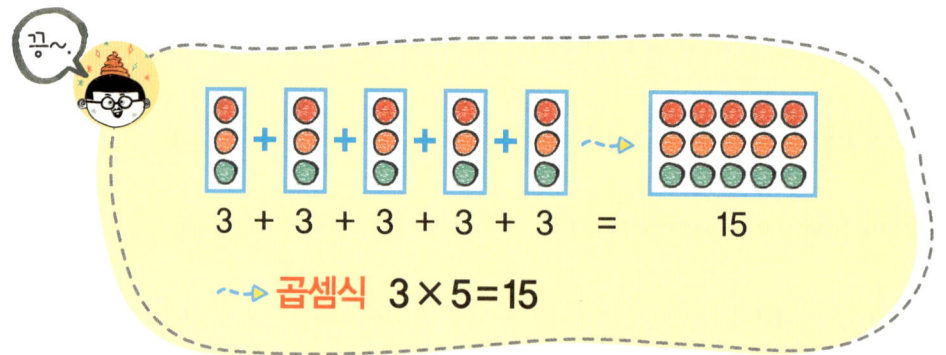

"하지만 난 아직 두 자리 수×두 자리 수는 몰라. 13×10 같이 어려운 건 할 수 없다고."

나는 솔직하게 고백했다.

코딱지는 하는데, 나는 못 하다니! 보통 기운 빠지는 일이 아니었다.

코딱지가 실실 웃으면서 두 팔을 들고 소리쳤다.

"보너스!"

"보너스라니?"

"케로라 스티커를 주니까, 보너스로 3분 곱셈법을 가르쳐 줄게."

"3분 카레, 3분 자장은 알겠는데, 3분 곱셈법은 처음 들어 보는 걸?"

"3분 만에 두 자리 수 곱셈을 배우는 거야."

"정말 3분 카레처럼 간단하게 배울 수 있어?"

나는 신기해서 눈을 깜박였다. 엄마한테 혼이 나면서 몇 달 동안 배웠지만 자꾸 틀렸던 걸 금세 배울 수 있다니!

"끝에 0만 붙여!"

코딱지가 말했다.

"0만? 그게 무슨 소리야?"

"3분 곱셈법은 세 가지야. 먼저 1분 곱셈법을 가르쳐 줄게. (두 자리 수)×10을 할 때, 두 자리 수 끝에 0만 붙여."

(두 자리 수)×10

13×10 = ?
⤳ 13×10 = 130

두 자리 수인 13 끝에 0만 붙이면 되는구나!

"어때, 아주 간단하지?"

난 머리를 긁으며 생각을 정리했다.

"그러면 24×10이면?"

"24에 0을 붙이면 240이지."

⤳ 24×10 = 240

두 자리 수인 24 끝에 0만 붙인다

"우왓! 쉽다, 쉬워! 눈 감고 코 파기보다 쉽다."

난 제자리에서 펄쩍 뛰었다.

"다음은, 2분 곱셈법!

"(몇 십) × (몇 십)을 할 때 (몇)×(몇)을 먼저 계산해. 그리고 계산 끝에 0을 2개 붙여."

(몇 십)×(몇 십)

$30 \times 30 = ?$

$30 \times 30 = 3 \times 3 \times 10 \times 10$ 3×3을 먼저 계산한다
$= 9 \times 10 \times 10$
$= 9 \times 100$ 0을 2개 붙인다
$= 900$

"아하! 30×30이면, 3×3을 먼저 하라는 거지. 9에 0을 2개만 붙이면 끝이네!"

"너도 한번 해 봐. 이번에는 50×50을 해 봐."

(몇 십)×(몇 십)

$50 \times 50 = ?$

$50 \times 50 = 5 \times 5 \times 10 \times 10$ 5×5를 먼저 계산한다
$= 25 \times 10 \times 10$
$= 25 \times 100$ 0을 2개 붙인다
$= 2500$

"맞았어!"

"쉽다, 쉬워. 덧셈만큼 쉽다."

"이번에는 마지막으로 3분 곱셈법을 가르쳐 줄게. (두 자리 수)×(몇 십)을 할 때 (두 자리 수)×(몇)을 먼저 계산한 다음에, 0만 붙이면 끝!"

(두 자리 수)×(몇 십)

$24 \times 20 = ?$

$24 \times 20 = 24 \times 2 \times 10$ 24×2를 먼저 한다
$ = 48 \times 10$ 두 자리 수인 48 끝에 0만 붙인다
$ = 480$

"24×2를 먼저 하면 48, 여기에 0을 붙이면 480!"

"더 어려운 문제를 내 봐. 머리가 좋아져서 천재가 되는 문제 말이야!"

머리가 좋아지는 수학 문제

코딱지 여왕이 제일 좋아하는 건 끈적끈적 콧물이야. 콧물이랑 먼지랑 섞이면 코딱지가 되거든. 그래서 코딱지 여왕은 콧물을 담은 통을 비밀 금고에 항상 보관해 두고 있지.

코딱지 여왕은 1상자에 35개의 콧물통을 차곡차곡 넣었어. 코딱지 여왕의 비밀 금고에는 20개의 상자가 들어 있어. 그렇다면 코딱지 여왕은 몇 개의 콧물통을 갖고 있는 걸까? 종이에 쓰지 말고, 속셈으로 풀어 봐.

★ 코딱지의 힌트 ★
35×2를 먼저 하면 70, 여기에 0을 붙이면 700!

식:

답:(   )통

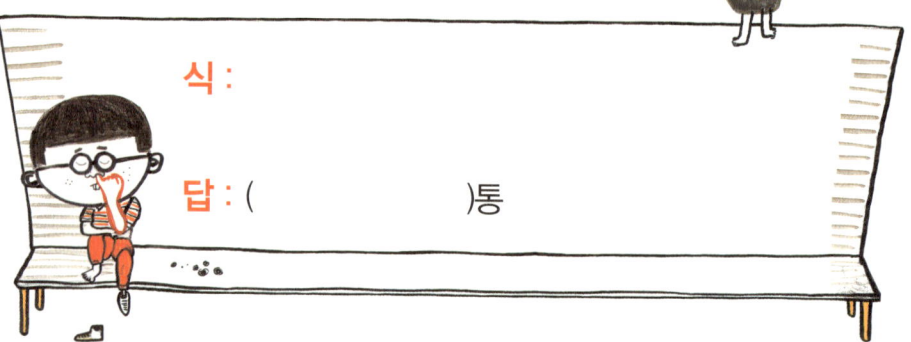

정답
35×20 = 35×2×10 → 35×2를 먼저 한다.
= 70×10 → 두 자리 수인 70 뒤에 0을 붙인다.
= 700

"속셈으로 해냈어!"

나는 신이 나서 소리쳤다.

"3분 곱셈법 끝."

"3분 만에 곱셈 끝."

우리는 함께 두 팔을 번쩍 들며 만세를 불렀다. 꽉 막혔던 콧구멍이 뻥 뚫리는 기분이었다.

"대오야, 이제 줘."

"뭘?"

난 딴청을 피웠다.

"케로라 스티커 말이야."

"아, 그거! 당연히 줘야지. 여기 있었는데, 어디 갔지?"

난 스티커들을 뒤적거리며 찾는 척했다. 하지만 케로라 스티커는 이미 내 엉덩이 밑에 깔려 있었다.

스티커 주변을 빙빙 돌던 코딱지는 결국 포기하고 말았다. 나는 코딱지를 위로하는 척했다.

"너무 실망하지 마. 넌 스티커가 있어도 너무 커서 갖고 다니지도 못해. 너한테는 스티커가 정말 위험한 물건일 수 있어. 스티커에 깔려 버리기라도 하면 넌 완전 납작 코딱지가 되어 버릴 거야. 다른 코딱지들이 너랑 안 놀아 줄 거라고."

코딱지는 의심스러운 눈초리로 날 힐끔 쳐다보고는, 슬픈 얼굴로 책상 밑으로 기어 들어갔다.

휴, 하고 난 한숨을 내쉬었다.

앞으로 엄마한테 곱셈을 못 한다고 혼나는 일은 없겠군.

그나저나 내 스티커는 138장이고, 동구 스티커는 139장이라고? 깨과자를 또 먹어야 한다니! 으억, 생각만 해도 올라올 것 같다.

★ 6단계 수학 지능 60점
곱셈의 원리 깨우치기

내 뱃속은 아무래도 이상하다. 사람은 밥통이 하나라는데, 나는 두 개인가 보다. 밥이 들어가는 밥통과 과자가 들어가는 과자통이 따로 있다.

저녁밥을 잔뜩 먹자 올챙이처럼 배가 볼록 나왔다. 숨을 쉬기도 힘들었는데, 아빠가 사 온 초코봉봉을 보니까 또 먹고 싶어졌다. 과자통이 비었기 때문이다.

"엄마, 나 밥 다 먹었으니까 봉봉 먹어도 되지?"

"숙제는 다 했어?"

엄마가 콩나물을 씹으며 물었다. 나는 고개를 흔들었다.

"숙제 다 하고 먹어. 숙제 안 해 가서 지난번처럼 수업 시간 내내 벌서지 말고."

왕코딱지 골려 주기

"치, 치, 치사뽕 엄마. 초콜릿 과자 하나도 편하게 먹게 해 주지 않다니!"

난 얼굴을 찌푸리며 가방에서 알림장을 꺼냈다.

 다음 세 가지 이유를 알아 올 것

- 100 × 1 = 100
  어떤 수에 1을 곱하면, 왜 언제나 어떤 수가 그대로 나올까?
- 1 × 100 = 100, 100 × 1 = 100
  어떤 수와 어떤 수를 곱할 때, 왜 순서를 바꿔 곱해도 될까?
- 100 × 0 = 0
  어떤 수에 0을 곱하면, 왜 언제나 0이 나올까?

골치 아픈 수학 문제였다. 선생님은 수학을 너무 좋아한다. 좋아하려면 혼자 좋아하지 왜 같이 좋아하고 싶은 걸까?

아빠한테 물어 봤다. 아빠가 가르쳐 주려는데 엄마가 입을 막았다.

"아빠가 가르쳐 주면 그건 숙제가 아니지. 숙제는 너 혼자 힘으로 알아서 해야 하는 거야."

"치, 치, 누가 치사뽕 엄마 아니랄까 봐! 관둬, 나 혼자 할 거야. 그리고 초코봉봉도 나 혼자 다 먹을 거야!"

난 심술이 나서 쾅쾅, 발걸음 소리를 내며 내 방으로 들어왔다. 책상에 앉아 곰곰이 생각했지만, 선생님이 내준 숙제의 답은 알아낼 수 없었다. 난 어두컴컴한 책상 밑으로 기어 들어갔다.

"귀딱지야, 귀딱지야, 귀여운 코딱지야."

"왜 불러?"

책상 밑에 붙어 있던 코딱지가 꼼지락거리며 일어났다. 아무래도 케로라 스티커 때문에 아직도 기분이 안 풀린 모양이었다.

난 친절한 백화점 누나 같은 목소리로, 학교 숙제를 도와주면 초코봉봉을 주겠다고 말했다.

"1×1=1, 2×1=2, 3×1=3… 99×1=99…. 어떤 수에 1을 곱하면 어떤 수가 나오는 건 나도 안단 말이야. 그런데 왜 항상 어떤 수가 나오냐고?"

"곱셈은 덧셈을 여러 번 하는 것과 같은 뜻이야."

코딱지가 말했다.

"그래서?"

"그래서라니! 55×7이라면, 55를 7번 더한 것과 같다는 뜻이고, 154×25는 154를 25번 더한 것과 같다는 뜻이야."

$$55 \times 7 = 55 + 55 + 55 + 55 + 55 + 55 + 55$$
$$\underbrace{\qquad\qquad\qquad\qquad\qquad}_{7번}$$

"그쯤은 나도 안다고! 그래서?"

나는 목소리를 높이며 오히려 더 따져 물었다. 코딱지는 아직도 자기 말뜻을 모르겠느냐며 고개를 저었다.

"100×1이면, 100을 1번 더한 것과 같잖아. 초코봉봉 100개를 1번 더한 거니까 초코봉봉 100개는 그대로인 거지."

"아, 이제야 알았다. 1번 더한 거니까 변함이 없구나. 그러면 1×100=100이랑 100×1=100은 왜 같은 거야?"

"1×100은 초코봉봉 1개를 100번 더했다는 뜻이고, 100×1은 초코봉봉 100개를 1번 더했다는 뜻이야. 그러니까 똑같이 100개지."

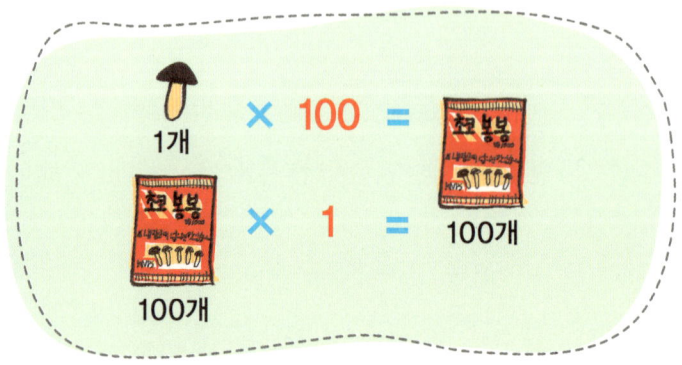

"맞아. 그래서 어떤 수를 곱할 때 순서를 바꿔도 되는 거였어. 33×50=50×33이고, 45×20=20×45구나."

난 고개를 끄덕였다. 이제 마지막 한 문제만 풀면 초코봉봉을 먹을 수 있었다. 군침이 입에 가득 고였다.

"1×0=0, 2×0=0, 55×0=0, 0을 곱하면 왜 항상 0이 되는 거지?"

"0은 하나도 없다는 뜻이야. 100×0은 초코봉봉 100개가 하나도 없다는 뜻이지. 그러니까 무조건 0이 나오는 거야."

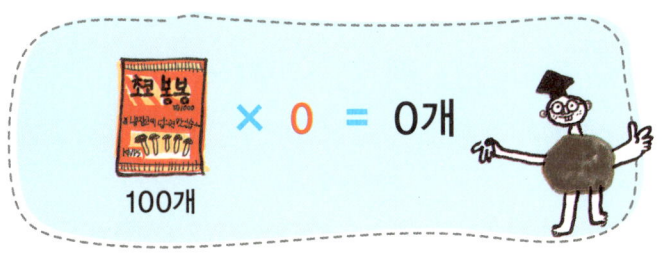

"알고 보니 쉽구나! 코딱지 주제에 정말 똑똑하네."

나는 코딱지를 칭찬했다. 코딱지는 기분이 좋아져서 물어 보지도 않은 말을 마구 떠들어 댔다.

"이런 걸 곱셈의 원리라고 하거든. 수학은 원리를 잘 알아 두면 아무리 어렵고 복잡한 문제라도 쉽게 풀 수 있어. 한 가지 원리로 100가지 문제도 풀고, 1000가지 문제도 풀 수 있는 게 수학이야."

"잘난 척은! 그러면 세 자리 수 곱셈도 할 수 있어? 23×113 같은 어려운 문제 말이야."

"당연히 할 수 있지. 23×113은 23을 113번 더한 것과 같아."

"그건 나도 알아. 하지만 113을 곱하려면 머릿속의 뇌가 부글부글 끓어 버릴 거야."

난 머리를 흔들었다.

"어렵게 생각하지 말라고. 113을 한꺼번에 곱하려니까 어려운 거지. 113을 계산하기 편하게 가르는 거야. 속셈할 때처럼 말이야. 23×113에서 23을 113번 더한다는 것은, 100번 더하고, 10번 더하고, 3번 더하는 것과 같잖아."

$$
\begin{aligned}
23 \times 113 &= 23 \times (100 + 10 + 3) \quad {\scriptstyle 113 = 100 + 10 + 3} \\
&= (23 \times 100) + (23 \times 10) + (23 \times 3) \\
&= 2300 + 230 + 69 \\
&= 2599
\end{aligned}
$$

"헐!"

나는 혀를 내둘렀다.

코딱지가 가르쳐 준 대로 하면, 세 자리 수 곱셈뿐만 아니라 네 자리 수, 아니 열 자리 수 곱셈도 할 수 있을 것 같았다.

"다른 문제를 내 봐. 천재들이나 도전하는 문제를 말이야."

머리가 좋아지는 수학 문제

코딱지 나라에서 큰 잔치를 벌였어. 뚱뚱한 코딱지, 알록달록한 코딱지, 길게 말린 코딱지 등 온갖 코딱지들이 모였지.

잔치에 초대된 코딱지들은 모두 212명이었어. 이 코딱지들에게 모두 35개씩 콧물 과자를 주기로 했어. 그러면 모두 몇 개가 필요할까?

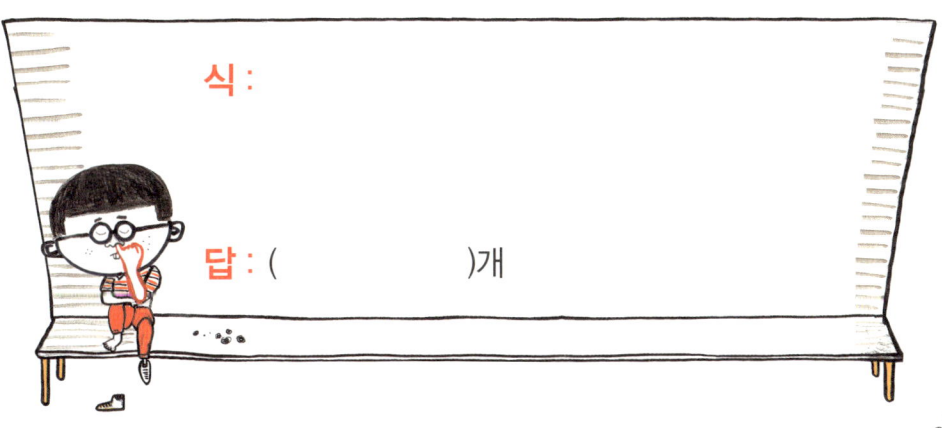

식:

답: ( )개

정답: 35×212 = 35×(200+10+2) → 212=200+10+2
= (35×200) + (35×10) + (35×2) = 7000 + 350 + 70 = 7420

평소 내 실력으로는, 상상도 할 수 없는 어려운 문제였다.
뇌가 끓는 정도가 아니라, 지구가 폭발할 정도의 문제였다. 그러나 코딱지가 가르쳐 준 대로 차근차근 해 봤다.
흐억!
믿을 수 없는 결과가 나타났다, 나는 더 이상 내가 아니었다.
"풀었다!"
내가 두 팔을 번쩍 들면서 소리쳤다. 마치 세계에서 가장 높은 에베레스트 산을 정복한 등산가처럼.
난 침대에 누워 초코봉봉을 한입에 털어 넣었다. 어느 때보다 달콤했다.
"혼자 다 먹을 거야? 나도 줘야지."
코딱지가 부탁했다.
"여기 있어."
난 집게손가락을 내밀었다.
"어디?"
"손톱 밑을 잘 봐."
손톱 밑에는 손톱에 낀 때만큼 초코봉봉이 끼어 있었다.
"넌 이걸로 충분해."
"칫! 더러워서 안 먹어. 치사해서 안 먹어!"
코딱지는 토라져서 책상 밑으로 들어갔다.
그러거나 말거나, 난 신경 쓰지 않았다. 어차피 코딱지니까!

왕코딱지 골려 주기

왕코딱지의 가르침

- 나눗셈 잘해서 물건 싸게 사기
- 나눗셈 절대 실수하지 않는 법
- 나눗셈 3단계 법칙!

예상몫 세우기 → 곱하기 → 빼기

교과서 찾아보기

3학년 1학기   4. 나눗셈

3학년 2학기   4. 나눗셈

4학년 1학기   2. 곱셈과 나눗셈

도넛 먹기
대작전

★ **7단계** 두 자리 수 나눗셈 배우기
　　　수학 지능 75점

★ **8단계** 나눗셈 실수하지 않는 법
　　　수학 지능 88점

두 자리 수 나눗셈 배우기

★7단계 수학 지능 75점

세상에는 이런 속담도 있다.

"나눗셈을 못 하면 도넛도 못 얻어먹는다."

낫 놓고 기역 자도 모른다는 속담은 들어 봤어도, 이런 속담은 처음 들어 봤다고? 당연하지. 내가 지은 속담이니까!

오늘 내가 겪은 일이다.

금요일 오후라서 수업이 일찍 끝났다. 마침 학원에 안 가도 되는 날이라 엄마를 따라 마트에 갔다.

마트에 가는 건 보통 즐거운 일이 아니다. 시끌벅적한 사람들 숲

사이로 카트를 타고 요리조리 운전하고 돌아다닌다. 그러다가 배가 고프면 시식 코너를 돌면서 만두와 삼겹살, 불고기, 돈가스 등으로 배를 채운다. 놀이공원만큼이나 신 나고 재미있다.

그런데 오늘따라 빵가게에서 도넛을 특별 세일하고 있었다.

"쌉니다, 싸요! 도넛 한 상자에 1000원, 두 통을 사면 한 통은 공짜로 드립니다."

하얀 모자를 쓴 아저씨가 소리를 질렀다. 공짜라는 말에 나는 귀가 번쩍 뜨였다.

초코 도넛, 크림 도넛, 코코넛 도넛이 예쁜 종이 상자에 나란히 누워서 어서 먹어 주기를 기다리고 있었다.

"엄마, 도넛을 공짜로 준대. 빨리 가자!"

난 엄마의 치맛자락을 끌고 강제로 빵가게로 갔다. 엄마는 살까

말까 망설이는 표정으로 도넛을 살펴봤다.

"두 통 사면 한 통은 공짜라잖아! 남들이 다 사기 전에 얼른 사."

나는 도넛 상자를 집어 들면서 엄마를 재촉했다. 그런데 그때 바로 옆의 빵가게에서 아주머니가 소리쳤다.

"방금 만든 도넛을 특별 가격에 모십니다! 도넛 한 통에 1000원, 한 통을 사면 한 통은 절반 값에 드립니다."

"어라?"

난 도넛 상자들을 내려놓았다.

"엄마, 저쪽 빵가게가 더 싼 것 같아. 저쪽으로 가자."

흠, 하고 엄마는 콧김을 내뿜으며 팔짱을 꼈다.

"대오야, 넌 어느 쪽 가게가 더 싼 줄 모르겠니?"

나는 고개를 갸우뚱했다.

"두 통 사면 한 통을 공짜로 주는 곳과, 한 통 사면 한 통은 절반 값에 주는 곳을 비교해 봐. 어느 곳이 더 싼 거야?"

엄마는 또 물었다. 내 머릿속에 도넛들이 빙글빙글 어지럽게 돌았다. 뭘 어떻게 계산해야 할지 알 수 없었다.

"이건 나눗셈을 하면 금방 알 수 있어. 네가 알아맞히면 도넛을 사 주겠지만, 못 알아맞히면 안 사 줄 거야."

"나눗셈에 도넛을 걸다니, 말도 안 돼!"

"말이 안 되긴, 이건 다 널 위해서야. 어떤 물건이 얼마나 더 싼 지 알아야 하지 않겠어? 네가 이 정도 문제도 못 푼다면 앞으로

물건을 어떻게 제대로 살 수 있겠어? 사기꾼에게 사기나 당하기 쉽지."

엄마는 총알 같은 말투로 따따따 말을 쏟아 냈다. 나는 엄마의 총알을 피할 수 없었다.

'어쩌지? 도넛은 먹고 싶고 나눗셈은 할 줄 모르고, 어쩌지? 내 도넛들을 그대로 두고 갈 수는 없는데, 어쩌지?'

그때 좋은 생각이 났다. 내 콧구멍 속에서 잠자고 있는 코딱지를 깨워서 물어 보면 될 것 같았다.

"잠시만, 화장실 좀 다녀올게."

나는 콧구멍을 후비면서 부리나케 화장실로 달렸다.

"아직도 화가 안 풀린 거야? 이제 그만 나와."

나는 거울을 들여다보며 돼지 코처럼 코를 세우고는 코딱지를 찾았다.

"초코봉봉보다 훨씬 맛있는 거라니까! 초코 도넛, 크림 도넛, 코코넛 도넛이야."

"꿀꺽!"

어두운 콧구멍 깊은 곳에서 군침을 삼키는 소리가 들렸다. 코딱지가 느릿느릿 기어 나왔다.

"이번에는 정말 줄 거야? 지난번 스티커랑 초코봉봉처럼 안 주면 안 돼."

"알았어. 알았으니까 나눗셈부터 알려 줘. 성질 급한 우리 엄마

마음 변하기 전에."

콧등에 매달린 코딱지를 보느라 나의 두 눈동자가 가운데로 몰렸다. 한참 동안 이러고 있다가는 눈동자가 원래 자리로 안 돌아올 것 같았다.

"어느 빵가게 도넛이 더 싼지 알려면 먼저 도넛 한 통의 값이 얼마인지부터 알아야 해."

"그렇구나. 역시 넌 보통 코딱지가 아니야."

난 두 손을 코 밑에 받치며 칭찬을 늘어놓았다.

"첫 번째 빵가게는 두 통을 사면 한 통을 공짜로 주잖아. 이 말은 두 통을 살 돈으로 세 통을 살 수 있다는 말이야."

"그렇지, 그렇지. 두 통 값을 내면 세 통을 주니까."

"두 통은 2000원이야. 그러면 2000÷3을 하면 한 통 값을 계산할 수 있어. 이렇게."

코딱지는 거울 위로 올라가 콧물로 수를 썼다.

"첫 번째 빵가게의 도넛 한 통 값은 667원이구나."

"두 번째 빵가게에서는 한 통을 사면 한 통은 반값에 줘. 이 말은 무슨 뜻이지?"

난 코를 문지르며 곰곰이 생각했다.

"그건 말이지, 한 통 반을 살 돈으로 두 통을 살 수 있다는 말이야."

"맞았어. 한 통 반을 살 돈 1500원을 내면 두 통을 살 수 있어. 그러니까 1500÷2를 하면 한 통 값을 계산할 수 있는 거야."

"두 번째 빵가게의 도넛 한 통 값은 750원이구나."

"750-667=83. 첫 번째 빵가게가 83원이나 더 싼 거야. 물론 여러 통을 살 때에만 더 싼 거지."

"알았다, 알았어! 나눗셈을 잘하면 시장에서 물건을 더 싸게 살 수 있겠구나."

정답을 알아낸 나는 기분 좋은 얼굴로 활짝 웃었다. 하지만 금방 다시 찌푸려졌다.

"엄마한테 첫 번째 빵가게가 더 싸다고 말하면, 왜 그런 거냐고

이유를 물어 볼 거야. 우리 엄마는 뭐든 이유를 물어 보시거든. 이유가 없는 것조차 물어 봐. 오줌을 흘리면 왜 흘렸냐, 이를 안 닦으면 왜 안 닦았냐 물어 보셔."

"엄마들은 원래 다 그래. 이유를 묻는 걸 사랑이라고 생각하시지."
코딱지가 말했다.

"이번에도 분명히 물어 보실걸. 하지만 난 나눗셈을 잘 할 줄 모른단 말이야."

"나눗셈을 너무 어렵게 생각하지 마. 알고 보면, 아무것도 아니야."

"귀딱지야, 사실은 난 나눗셈 공포증이 있어. 나눗셈 기호만 봐도 오줌이 마려운 거 같다고. 나눗셈 기호도 이상하게 생긴 것 같아. 외계인들이 만든 암호문처럼 보여."

나는 솔직하게 고백했다.

"에구, 그런 병 정도야 1분이면 고치지. 나눗셈은 곱셈의 반대야. 곱셈을 거꾸로 하면 나눗셈이 되는 거야."

"그런 말은 처음 들어 보는걸?"
난 신기해서 눈을 크게 떴다.

"20×5라고 하는 건 무슨 뜻이지?"
코딱지가 물었다.

"그거야 20이 5번 있으면 얼마가 되는지 묻는 거잖아. 그거랑 나눗셈이랑 무슨 상관이 있어?"

"그래, 나눗셈은 곱셈의 반대야. 20÷5라고 하면, 20 안에 5가 몇 개 들어 있는지 묻는 거야."

"아하!"

내가 손뼉을 쳤다.

"시험을 볼 때, 20÷5=□의 답을 모른다고 해서 걱정할 필요 없어. 5×□=20에서 □ 안의 수를 알면 돼. 나눗셈은 곱셈의 반대니까."

"그렇다면 20÷5의 답이 혹시 4야?"

"그래, 잘하네!"

난 내가 답을 맞혔다는 게 신기하고 놀라웠다.

"시험 볼 때 나눗셈 문제가 나오면, 풀고 나서 곱셈으로 뒤집어서 계산을 해 봐. 그러면 자기가 푼 답이 맞는지 틀리는지 알 수 있어."

"그게 백점 맞는 비결이구나."

난 씩, 하고 웃었다. 그러자 코딱지는 더 어려운 수학 문제를 냈다.

머리가 좋아지는 수학 문제

나는 친구인 눈곱이랑 놀이동산에 놀러 갔어. '곱셈과 나눗셈 연결하기'라는 놀이기구가 있는 거야.

나눗셈을 풀 때 필요한 곱셈을 서로 연결하면 돼. 그러면 놀이기구를 공짜로 탈 수 있어.

63÷7=9 •   • 3×9=27
25÷5=5 •   • 5×5=25
27÷3=9 •   • 7×9=63
18÷9=2 •   • 9×2=18

"이 정도 실력이면 나눗셈으로 뭔가를 할 수 있을 것 같아."
코딱지가 대뜸 알 수 없는 말을 했다.
"무슨 일?"
"예를 들자면, 나눗셈으로 엄마를 골려 주기!"
"화장실 신발에 물 쏟기, 입고 있던 옷 껍데기 벗듯 벗어 놓기, 엄마가 아끼는 물건에 스티커 붙여 놓기 말고도 골려 줄 수 있는 방법이 있다는 거야? 그것도 나눗셈으로?"
"엄마하고 나눗셈 내기를 하는 거야. 누가 더 잘하나."
"맙소사! 말도 안 돼. 누굴 놀리는 거야?"
"내 말을 끝까지 들어 봐. 나눗셈은 곱셈의 반대야. 그러니까 어떤 수에 같은 수를 곱했다가, 다시 같은 수로 나누면 원래대로 돌아와. 이 나눗셈의 원리를 이용하면 엄마랑 나눗셈 내기를 해서 이길 수가 있어."
"도대체 그게 무슨 말이야?"
"100에 10을 곱하고, 다시 10을 나누면 원래대로 100으로 돌아온다는 소리야."

100 × 10 = 1000

같은 수

1000 ÷ 10 = 100   원래 100으로 돌아온다

도넛 먹기 대작전

"100에 10을 더하고, 다시 10을 빼면 원래 100으로 돌아오는 것과 같은 거구나!"

"그래. 이 원리를 잘 이용하는 거야. 100에 10을 곱하고, 다시 5를 곱해. 그 다음에 10으로 나누고, 다시 5로 나눠. 그러면 답은 얼마지?"

"당연히 100이지. 계산할 필요도 없어."

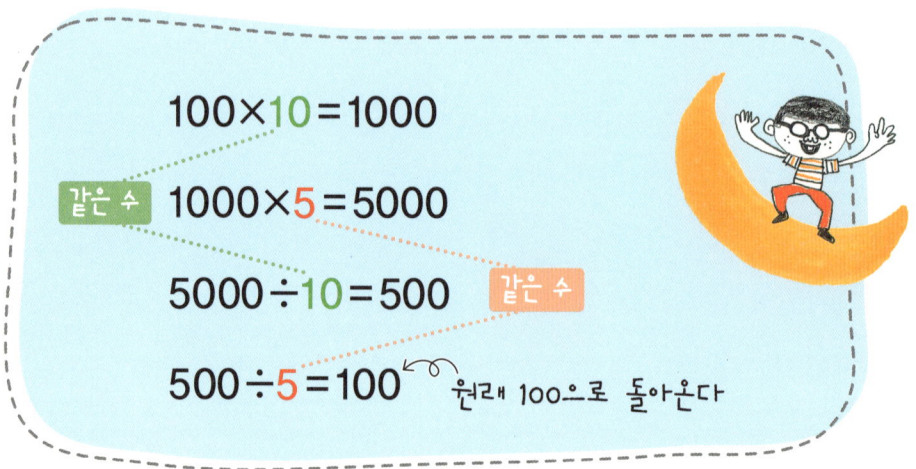

"엄마가 눈치 채면 어떻게 하지? 금방 알아챌 것 같은데."

"계산을 복잡하게 만들면 되지. 예를 들어 2에 25를 곱하고, 다시 3을 곱하고, 다시 2를 곱한다. 그 다음에 3을 나누고, 다시 25를 나누고, 다시 2를 나누면 답은 얼마일까?"

"으하하! 그거 정말 좋은 방법이야."

난 배를 잡고 웃었다.

화장실에 들어온 아저씨가 혼자 웃고 떠드는 나를 이상한 눈으로 쳐다봤다.

난 코딱지를 콧구멍에 집어넣고 엄마에게 달려갔다.

"왜 이렇게 늦었어? 길 잃어버린 줄 알고 찾으러 가려고 했잖아."

엄마가 흘겨봤다.

"도넛은 샀어?"

"나눗셈은 했어?"

"당연하지. 첫 번째 가게가 더 싸잖아. 정확하게 83원이 더 싸."

"오호! 누구한테 물어 본 거야, 아빠한테 전화한 거야?"

엄마가 놀란 표정을 지었다.

"그쯤은 아무것도 아니지. 엄마, 나랑 내기할까? 수학 문제 풀기."

엄마가 멍한 표정을 지었다.

"수학이라면 '수' 자도 싫다면서 수박도 안 먹고, 수건도 보기 싫다던 애가 웬일이니?"

"내가 문제를 낼 테니까 알아맞혀 봐. 엄마가 맞히면 내가 밤새도록 수학 문제를 풀고, 내가 맞히면 내가 사 달라는 거 다 사 줘야 해."

"좋아, 얼마든지!"

엄마는 선뜻 대답했다.

"25에 22를 곱하고, 다시 3을 곱하고, 다시 2를 곱해. 그 다음에 3을 나누고, 다시 22를 나누고, 다시 2를 나누면 답은 얼마일까?"

"그걸 나더러 암산으로 하라고? 계산기가 있으면 모를까."
엄마가 혀를 내둘렀다.
"난 암산으로 해. 답은 25야."
나는 태연하게 대답했다.
"잠깐, 잠깐! 네가 답을 알 리가 없어. 확인해 봐야지."
엄마는 핸드백에서 작은 계산기를 꺼냈다. 시장을 보러 올 때면 엄마는 항상 계산기를 갖고 다녔다.
"25×22×3×2÷3÷22÷2는? 컥!"
엄마가 숨을 토해 냈다.
"어떻게 알아냈어? 구구단도 틀리는 네 실력으로 이런 문제를 풀어? 엄마한테 속임수 쓰면 안 돼."
엄마는 분한 듯이 말했다.
"좋아, 좋아. 그렇게 내 실력을 못 믿겠다면 이렇게 하자고. 엄마가 아무 수나 말해 봐. 그리고 그 수에 곱할 수 나눌 수 3가지를 말해. 그 다음에는 내가 곱할 수 나눌 수 3가지를 말할게. 그리고 누가 더 빨리 계산을 끝내나 해 보자고."
"좋아. 엄마 나이 36이야. 36에 2를 곱하고, 3을 나누고, 다시 10을 곱해."
"그 수에 다시 3을 곱하고, 2를 나누고, 10을 나눠. 답은 뭘까?"
엄마가 눈동자를 소리나게 굴리더니, 모르겠다는 듯 머리를 흔들었다.

"엄마, 벌써 포기한 거야? 내가 말해 줄까? 답은 36이야."
엄마는 믿을 수 없다는 듯 톡톡 계산기를 눌렀다.
"어머나!"
엄마가 비명을 질렀다.
"푸하핫!"
난 허리를 꺾으며 웃음을 터트렸다.
"뭘 사 달라고 할까? 먹고 싶은 게 너무 많은데."
엄마는 충격을 받았는지 그 자리에서 잠시 동안 꼼짝하지 않았다.
"우선 도넛 열 통하고, 아이스크림 두 통에 초콜릿 다섯 박스, 피자 한 판…."
나는 카트를 밀고 다니면서 먹고 싶은 걸 마구 쓸어 담았다.
내 뒤를 따라오는 엄마는 멍한 표정으로 먼 곳만 바라보고 있었다. 귀신에 홀린 것 같은 얼굴이었다.

나눗셈 실수하지 않는 법

★ 8단계
수학 지능
88점

"오늘 이상한 일이 있었어요."

침대에 누워 한참 지났을 때였다. 불을 끄고 누웠는데 잠이 오지 않았다.

거실에서 엄마의 심각한 목소리가 들렸다.

"대오가 아무래도 이상해요. 머리가 어떻게 된 거 같아요."

"무슨 일이 있었어?"

텔레비전 소리 사이로, 아빠가 사과를 씹는 소리가 들렸다.

"대오랑 마트에 갔는데, 아주 복잡한 곱셈 나눗셈 문제를 한 번에 풀더라고요. 계산기로 풀어야 할 정도로 어려운 문제였어요."

"그래? 내 말이 맞았어."

"무슨 말요?"

"지난 화요일에 그랬잖아. 내가 못 풀던 문제를 대오가 풀었다고. 그래서 내가 대오가 수학 천재라고 그랬잖아. 그때 당신은 그럴 리 없다고 무시했고."

"아, 그 말!"

엄마는 그제야 기억이 나는지 무릎을 쳤다.

"진짜 수학 천재면 좋게요? 그게 아니니까 이상하다는 거죠."

"그게 아니라니?"
"처음에는 나도 대오가 갑자기 수학 천재가 된 건 아닌가 의심했어요. 그래서 마트에서 돌아오는 차 안에서 슬쩍 물어 봤어요. 88÷22가 얼마냐고요. 그랬더니…."
"그랬더니?"
아빠가 물었다.
"모르더라고요."
"허참! 이상한 일일세. 그럴 수도 있지 뭐."
아빠가 실망한 목소리로 대꾸했다.
"그런데 이상한 건 그 일만이 아니에요. 도넛을 먹으면서 부스러기를 자꾸 콧구멍 속에 집어넣는 거예요."
"코… 콧구멍 속에!"
아빠도 믿기 어려웠는지 목소리가 한껏 커졌다.
"네. 콧구멍 속에 넣으면서 '맛있지? 이건 초코 도넛이야. 다음에는 크림 도넛을 넣어 줄게.' 하면서 혼자 중얼거리는 거예요. 자기 콧구멍하고 말을 하는 것 같았어요. 처음에는 이상했는데, 자꾸 그러니까 나중에는 대오가 대오처럼 안 보이더라고요. 무서웠어요."
"흠, 흠."
아빠도 놀랐는지 헛기침을 했다.
"아직 열 살이니까 그런 수도 있을 거야. 나두 어렸을 때 장난감하고 말하고, 나무하고 말하기도 했어요."

"그렇다고 콧구멍하고 말한 적은 없잖아요. 콧구멍에게 도넛을 먹이지도 않았을 테고."
"그거야 그렇지만…."
아빠의 목소리가 기어들어갔다.
"그것뿐만이 아니에요. 담임선생님께서 그러시는데, 우리 대오가 일주일 사이에 갑자기 수학을 놀라울 정도로 잘한대요. 수학 시험만 보면 꼴찌였는데, 지금은 속셈왕이 되어서 선생님이 주시는 상품까지 독차지할 정도래요. 아무리 천재라도 일주일 사이에 그렇게 실력이 늘 수 있을까요?"
"허참, 이상하네."
"그리고 대오 방에서 자꾸 이상한 냄새가 나요. 방귀 냄새 같기도 하고, 코딱지 냄새 같기도 하고, 구리구리한 냄새가 난단 말이에요. 방을 아무리 닦고, 구석구석 청소하고, 환기를 시켜도 냄새가 계속 나요. 어디에 뭘 숨겨 놓은 건지. 그래서 말인데요."
엄마가 조심스럽게 말문을 열었다.
"여보, 대오를 병원에 데려가 볼까요?"
"무슨 병원?"
놀란 아빠의 목소리가 커졌다.
"정신병원!"
헉, 난 숨이 막혔다. 내가 미치기라도 했다는 소리일까?
"에이, 우리 대오가 그럴 리가 없지. 미친 사람이 어떻게 어려운 수학 문제를 척척 풀 수 있겠어. 우리 대오는 천재가 분명해요."
아빠는 강한 목소리로 다짐을 하듯이 말했다.
"천재와 바보는 종이 한 장 차이라잖아요. 물론 대오가 바보는 아니겠지만, 그래도 정확한 테스트는 받아 볼 필요가 있어요. 나한테 좋은 수가 있는데요, 당신 친구 강 박사님 있잖아요."
"아, 정신과 의사 강인수 말이지요?"
"강 박사님을 집에 불러와서 대오를 봐 달라고 하는 거예요."
"그거 좋은 생각인걸. 바둑 한 판 두자고 놀러 오라고 하지요. 인수는 영재 어린이를 테스트할 수 있으니까, 우리 대오가 천재인지 아닌지 정확한 판단을 내려 줄 거예요. 걱정 말고, 그만 잡시다."
엄마 아빠는 거실의 불을 끄고 안방으로 들어갔다.
휴!
나는 어두운 천장을 향해 한숨을 길게 내쉬었다.
"천장 무너지겠어."
코딱지가 옆에서 하품을 하면서 말했다.
"다 너 때문이야! 너 때문에 나까지 혼나게 생겼어."
나는 코딱지를 집어 이빨 사이에 끼워 넣을까 생각했다. 그러면 꽤나 버둥거리겠지?
"걱정 마. 그런 걱정은 쓰레기통에나 던져 버려. 내가 다 해결해 줄 테니까."
"이번에는 그렇게 간단하게 넘어가지 않을 거야. 난 느낌으로 안다고. 덧셈, 뺄셈, 곱셈, 나눗셈, 두 자리 수 계산, 세 자리 수 계산까지 마구 물어 보실걸. 난 이제 어떻게 해! 오늘 속임수를 쓴 게 들통 나면 엄마는 내가 먹은 도넛, 피자, 아이스크림을 다 토해 내라고 하실걸. 그러고는 꽁꽁 묶어서 정신병원에 끌고 갈 거야. 아, 내 인생이 여기서 끝나는구나. 아직 열 살밖에 안 됐는데! 못된 코딱지의 꼬임에 빠진 게 잘못이지."
침대에서 벌떡 일어난 나는 머리를 쥐고 흔들었다.
"물론 나 혼자 힘으로는 힘들겠지. 그래서 내 친구들을 부를 거야. 널 하루 만에 수학 천재로 만들 친구들을 말이야."
난 깜짝 놀라 침대에서 펄쩍 뛰었다.
"그게 누군데?"

"눈곱이랑 귀지랑 가래침이야."
"크억!"
난 침대 위로 쓰러졌다.
"친구들이 하나같이 좀…."
"좀 뭐?"
"아니야, 아무것도. 어서 불러. 조심해서 오라고 해. 어디 묻지 않게."
난 기어들어가는 목소리로 말했다.
똑똑똑.
누군가 창문을 두드렸다.
"귀딱지야, 귀딱지 있니?"

창문 앞에는 깨알만 한 것들이 손을 흔들고 있었다.
"좀 늦었지? 미안해. 여드름이랑 비듬이랑 싸우는 걸 말리고 오느라고."
코딱지가 나를 소개했다.
"인사해. 얘는 앞으로 불러도, 거꾸로 불러도 같은 오대오야."
귀지처럼 생긴 녀석이 날 가리키며 말했다.
"3학년이라더니 되게 작다. 코딱지만 하잖아!"
어이가 없었지만 참기로 했다. 어쨌거나 우리 집에 온 손님이자 수학 선생님들이니까.
"우리 악수할까?"
가래침이 손을 내밀었다. 끈적끈적 미끌미끌해 보였다.
"아니, 됐어. 난 악수하는 거 별로 안 좋아해."
나는 간신히 거절했다.
"시간이 없으니 빨리 시작하자. 가장 어려운 수학 문제가 뭐야?"
눈곱이 물었다. 나는 우물쭈물거리다가 어렵게 말문을 열었다.
"받아올림, 받아내림, 세 자리 수 곱셈, 그리고 나눗셈…."
"후, 그러니까… 아는 게 거의 없는 거네?"
귀지가 날 무시했다. 난 할 말이 없었다.
"귀딱지야, 이 코딱지만큼 작은 애가 하룻밤 만에 덧셈, 뺄셈, 곱셈, 거기에 나눗셈을 다 끝낼 수 있을 거라고 보니?"
"우리가 보기에는 낙타가 콧구멍에 들어가는 것만큼이나 어려울

것 같아."

귀지와 가래침이 서로 주거니 받거니 쑥덕거렸다. 코딱지가 내 편을 들었다.

"대오가 생긴 건 이래도, 우리에게는 무척 중요해."

"왜?"

"대오는 코딱지, 귀지, 눈곱, 가래침, 비듬, 때를 만들어 내는 살아 있는 공장이야. 다른 아이들 열 명이 만들어 낼 걸 혼자 만든다고."

"그 정도야?"

"그럼! 한 달 내내 세수 한 번 안 하고, 이를 안 닦은 적도 있어. 엄마가 이 닦았는지 검사할 때 손톱으로 앞니를 긁어서 통과했다는 전설 들어 본 적 있지? 그 유명한 전설의 주인공이 바로 오대오야. 이것 봐. 온몸에 때가 꼬질꼬질해. 코에는 코딱지가 꽉 차 있고, 귀지도 잔뜩 들어 있어."

코딱지가 가리킨 내 콧구멍을 보고 눈곱과 가래침과 귀지가 동시에 감탄을 터트렸다.

"우와, 대단해!"

"이제 우리가 대오를 가르쳐야 하는 이유를 알겠니? 우리가 대오를 보호해야 하는 이유를 알겠어?"

"응!"

눈곱과 가래침과 귀지가 동시에 고개를 크게 끄덕였다.

"자, 시간이 없어. 나눗셈을 하는 방법부터 시작하자. 나눗셈 도사 가래침아, 부탁해."

흐물흐물 끈적거리는 가래침이 앞으로 나섰다.

"커억, 퉤. 커억, 퉤퉤. 나눗셈은 침 뱉기보다 쉽거든. 나눗셈을 어려워하는 건 덧셈, 뺄셈, 곱셈을 모두 사용해야 하기 때문이야. 특히 나머지가 없는 나눗셈보다 나머지가 있는 나눗셈을 더 어려워하지. 나머지가 있으면 받아내림도 해야 하니까."

난 자신 없는 얼굴로 고개를 끄덕였다.

"그렇다고 처음부터 겁먹을 필요는 없어. 곱셈구구만 잘하면 나눗셈을 잘할 수 있으니까. $4 \div 2$는 4 안에 2가 몇 개 들어갈지 알아맞히는 문제야. $10 \div 5$는 10 안에 5가 몇 개 들어갈지 알아맞히는 문제지. 이 정도는 알지?"

"응."

"그렇다면 $32 \div 4$는 뭘까?"

가래침의 질문에 나는 곧바로 대답했다.

"그건 당연히 32 안에 4가 몇 개 들어갈지 알아맞히는 문제지."

"몇 개나 들어갈 것 같은데?"

"아마… 그러니까 그건…."

가래침은 답답했는지 으엑, 퉤, 하고 가래침을 뱉었다.

"잘 봐. 곱셈구구만 하면 금방 풀 수 있어. 세로셈을 하는 거야."

"아, $4 \times 8 = 32$니까!"

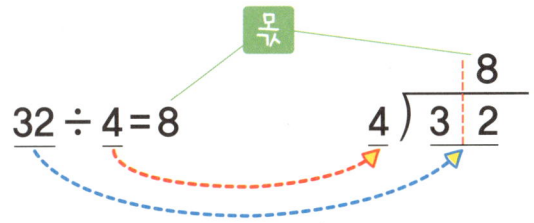

"그렇지, 퉤!"

"더럽게 그만 좀 뱉어!"

내가 소리쳤다.

그러자 가래침이 총알 같은 말투로 쏟아 냈다.

"가래침이 가래침을 안 뱉으면 누가 가래침을 뱉어? 가래침이니까 가래침을 뱉는 거지, 가래침 뱉는다고 가래침더러 나무라면

가래침은 어떻게 하란 말이야?"

난 총알을 맞은 것처럼 정신이 어질했다. 가래침은 작은 통을 하나 들어 보였다.

"이 통은 나눗셈 자동 계산통이야. 이 통 안에는 ÷9가 들어 있어. 어떤 수를 이쪽에 넣으면 다른 쪽으로 나눗셈이 된 수가 나와. 이 통 안에 63을 넣으면 어떤 수가 나올까?"

"9×7=63이니까 7!"

"잘했어! 역시 더러운 애들은 수학을 잘한다니까. 그럼 90을 넣으면 어떤 수가 나올까?"

"10!"

"잘했어! 역시 더러워."

난 칭찬인지 놀리는 건지 헷갈렸지만 기분은 좋았다.

"한 자리 수 나눗셈만 해서는 안 돼. 두 자리 수, 세 자리 수 나눗셈까지 할 줄 알아야 해."

코딱지가 끼어들었다.

"두 자리 수 나눗셈? 거기에 세 자리 수 나눗셈까지? 맙소사!"

난 머리를 흔들었다.

"이봐, 더러운 친구! 그렇게 겁먹을 것 없어. 나눗셈은 딱 세 가지만 알면 되니까. 나눗셈을 잘하는 3단계 법칙이 있어."

"3단계 법칙?"

내가 물었다.

"나눗셈 3단계 법칙! 예상몫 세우기 → 곱하기 → 빼기. 따라해 봐. 예상몫 세우고, 곱하고, 빼고!"

"예상몫 세우고… 곱하고… 그 다음에…."

난 우물거렸다.

"으이구! 다시 한 번. 예상몫 세우고, 곱하고, 빼고!"

"예상몫 세우고, 곱하고, 빼고! 예상몫 세우고, 곱하고, 빼고! 예상몫 세우고, 곱하고, 빼고!"

"좋았어. 그렇다면 48÷12는 뭘까?"

"48 안에 12가 몇 개 들어가느냐는 문제니까…. 잘 모르겠어."

난 두 손을 들며 솔직하게 말했다.

"그럴 거야. 나눗셈은 처음에 몇 개가 들어갈지 짐작을 잘해야 해. 이걸 예상몫 세우기라고 해. 예상몫 세우기만 잘하면 나눗셈은 쉬워. 그 다음에는 곱하고, 빼기만 하면 돼. 잘 봐."

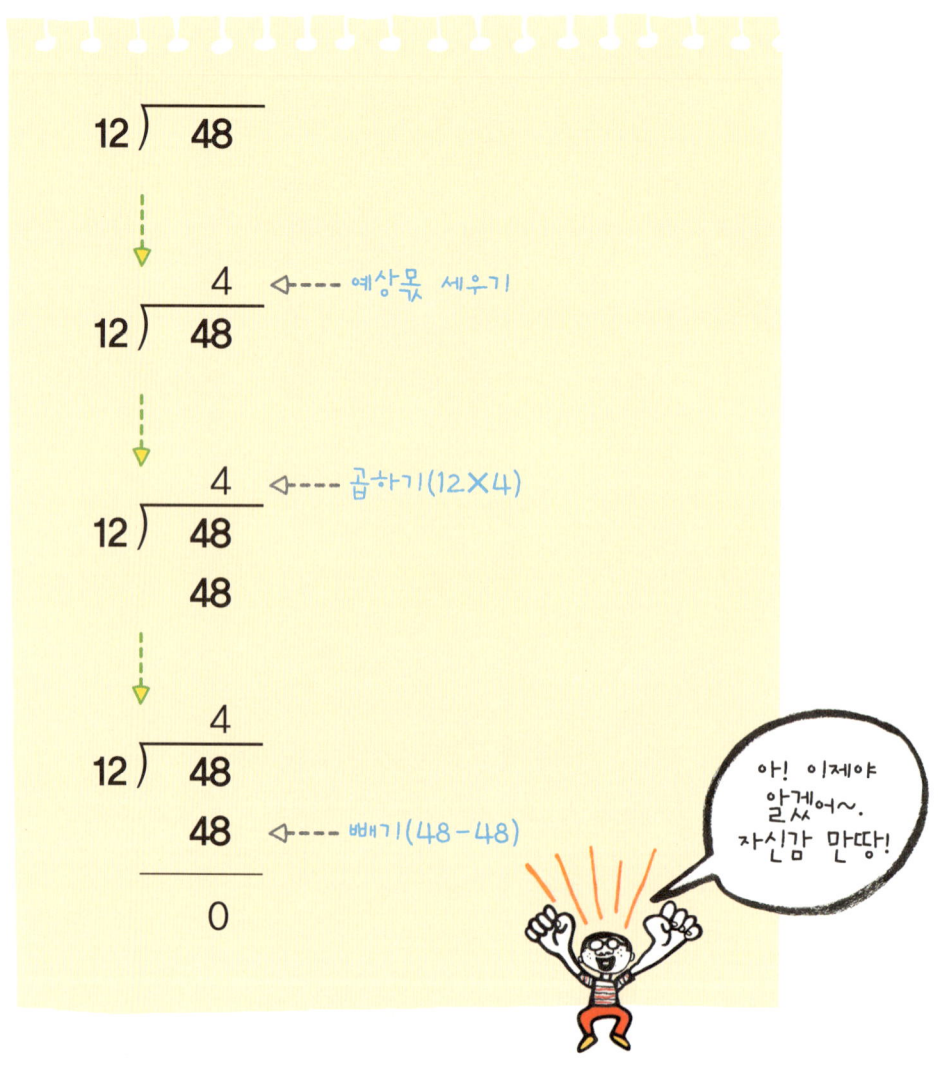

"아! 이제야 알겠다. 처음에 예상몫만 잘 세우면 되는 거네. 예상몫 세우고, 곱하고, 빼고! 다른 문제를 내 봐."
난 자신감이 생겼다.
"그렇지. 예상몫을 어떤 수로 세우느냐에 따라 나눗셈은 금방 끝

날 수도 있고, 여러 번 할 수도 있어."

"예상몫을 잘 세우는 방법은 없어?"

"미안하지만 없어. 하지만 걱정 마. 문제를 많이 풀어 보면 예상몫을 세우는 실력도 늘어나니까. 이번에는 조금 어려운 문제! $82 \div 25$를 해 봐."

$$25 \overline{)82}$$

"1단계, 예상몫 세우기! 82 안에는 25가 4개쯤 들어갈 거야. 그러니까 4!"

$$25 \overline{)\begin{array}{r} 4 \\ 82 \\ 100 \end{array}} \quad \Leftarrow\text{--- 뺄 수 없다}$$
$$\overline{?}$$

"82−100? 뺄 수 없잖아."

"예상몫을 잘못 세운 거야. 82보다 더 큰 수가 나왔잖아. 이럴 때는 예상몫을 1 작게 해 봐."

```
      3      ←---- 예상목 세우기,
25 ) 82            곱하기(25×3)
     75      ←---- 빼기
     ──
      7      ←---- 나머지
```

"7이 남았어. 왜 그런 거지?"

나는 고개를 갸웃했다.

"더는 나눌 수 없어서 그래. 남은 7을 나머지라고 해."

가래침이 대답했다.

"한 단계 더 어려운 걸 해 볼게. 더 어려운 건 없어?"

내가 물었다. 코딱지가 놀란 얼굴로 바라봤다. 평소 내 모습 같지 않았으니까.

"그렇다면 두 자리 수 나눗셈에서 가장 많이 실수하는 문제를 내 볼게. 이 문제를 통과한다면 넌 두 자리 수 나눗셈은 다 끝냈다고 할 수 있어. 85÷21을 해 봐."

"그쯤이야 쉽지."

```
      3      ←---- 틀린 답
21 ) 85
     63
     ──
     22      ←---- 나머지(22)가 나누는 수(21)보다
                   크면 안 된다
```

"다 했다! 어때, 내 실력?"

난 두 팔을 허리에 올리며 자신만만한 표정을 지었다.

"맞았다고 생각해?"

가래침이 물었다.

"당연하지. 예상몫 세우고, 곱하고, 빼고! 그대로 했잖아."

나는 다시 한 번 찬찬히 살펴봤다. 21×3=63, 85-63=22. 정확했다. 아무리 봐도 틀린 구석을 찾을 수 없었다.

"쯧쯧, 퉤!"

가래침이 가래침을 뱉었다.

"나머지를 잘 봐. 21보다 큰 수야, 작은 수야?"

"21보다 커."

"나머지가 나누는 수보다 크면 틀린 거야. 무조건 작아야 하는 거지. 왜냐하면 85 안에 21이 3개가 아니라 더 많이 들어갈 수 있다는 뜻이잖아."

나는 무슨 뜻인지 몰라 고개를 이쪽저쪽으로 갸우뚱거렸다. 가래침이 다시 말했다.

"예상몫을 잘못 정한 거야. 예상몫을 1 더 크게 해 봐."

"맞았다고 생각해?"

가래침이 또 물었다. 난 고개를 끄덕였지만, 왠지 자신이 없었다.

"자신이 푼 문제의 답이 맞았는지 틀렸는지 확인하는 방법이 있어. 그걸 검산이라고 하거든. 나눗셈의 검산은 곱셈으로 바꿔서 하는 거야."

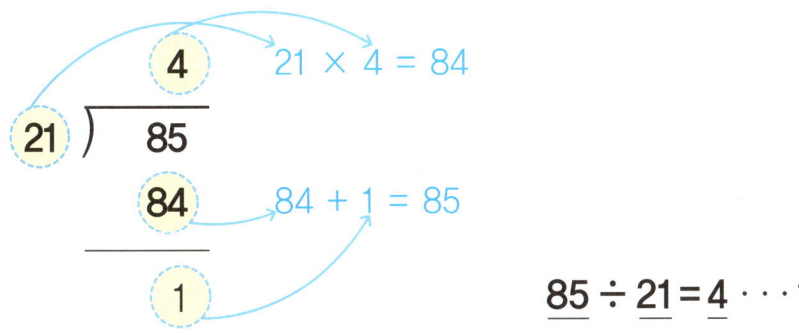

⟨검산⟩ 21 × 4 + 1 = 85

"곱셈을 해서 답이 85가 나오면 되는 거야."

"맞은 거네, 내가 맞은 거네!"

난 신이 나서 소리쳤다.

"마지막 시험! 내가 내는 문제를 잘 들어 봐."

머리가 좋아지는 수학 문제

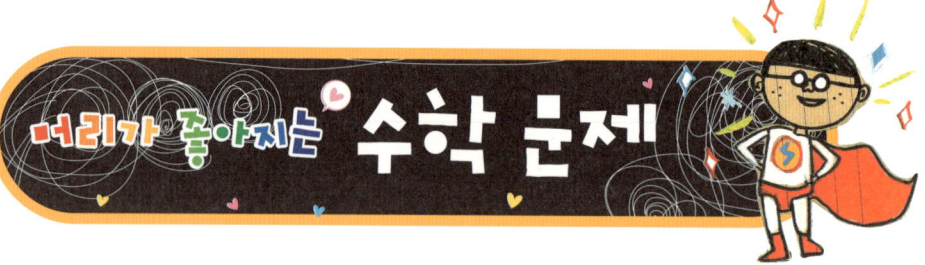

내 말이 정말인지 거짓말인지 알아맞혀 봐. 내 친구들이 15명이나 한꺼번에 우리 집에 놀러 왔어. 엄마는 친구들에게 가래침이 듬뿍 든 빵을 만들어 주셨지.

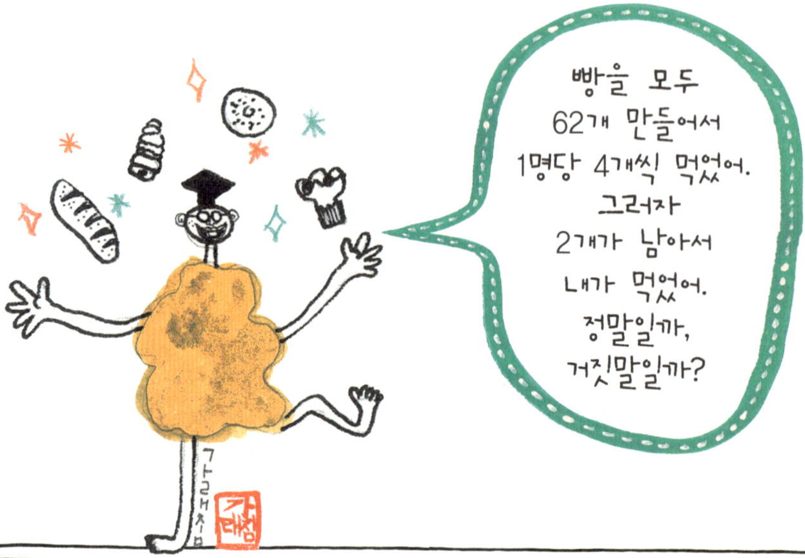
빵을 모두
62개 만들어서
1명당 4개씩 먹었어.
그러자
2개가 남아서
내가 먹었어.
정말일까,
거짓말일까?
가래침

식 :

답 : (   )

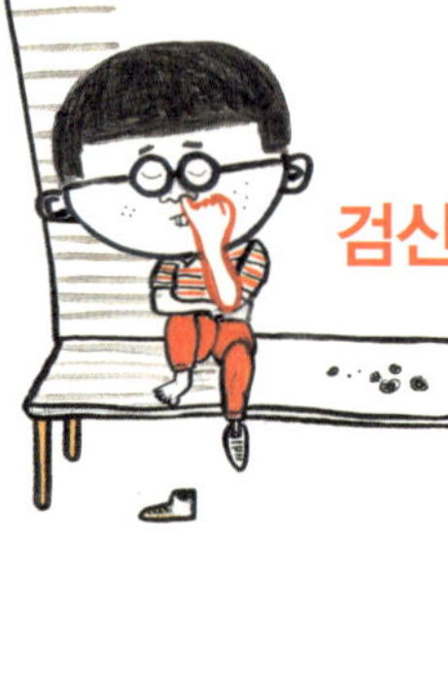

검산 :

정답 식 : 62÷15=4…2 답 : ○ 검산 : 15×4+2=62

짝짝짝!

귀지와 가래침과 코딱지와 눈곱이 손뼉을 쳤다.

"잘했어! 이것으로 넌 두 자리 수 나눗셈 문제는 실수하지 않을 거야. 두 자리 수 나눗셈을 잘하면 세 자리 수 나눗셈도 문제없어. 두 자리 수 나눗셈처럼 하면 돼."

"카악, 퉤!"

난 가래침처럼 힘껏 침을 뱉는 척했다. 기분이 너무 좋아 공중으로 방방 뜰 것 같았다.

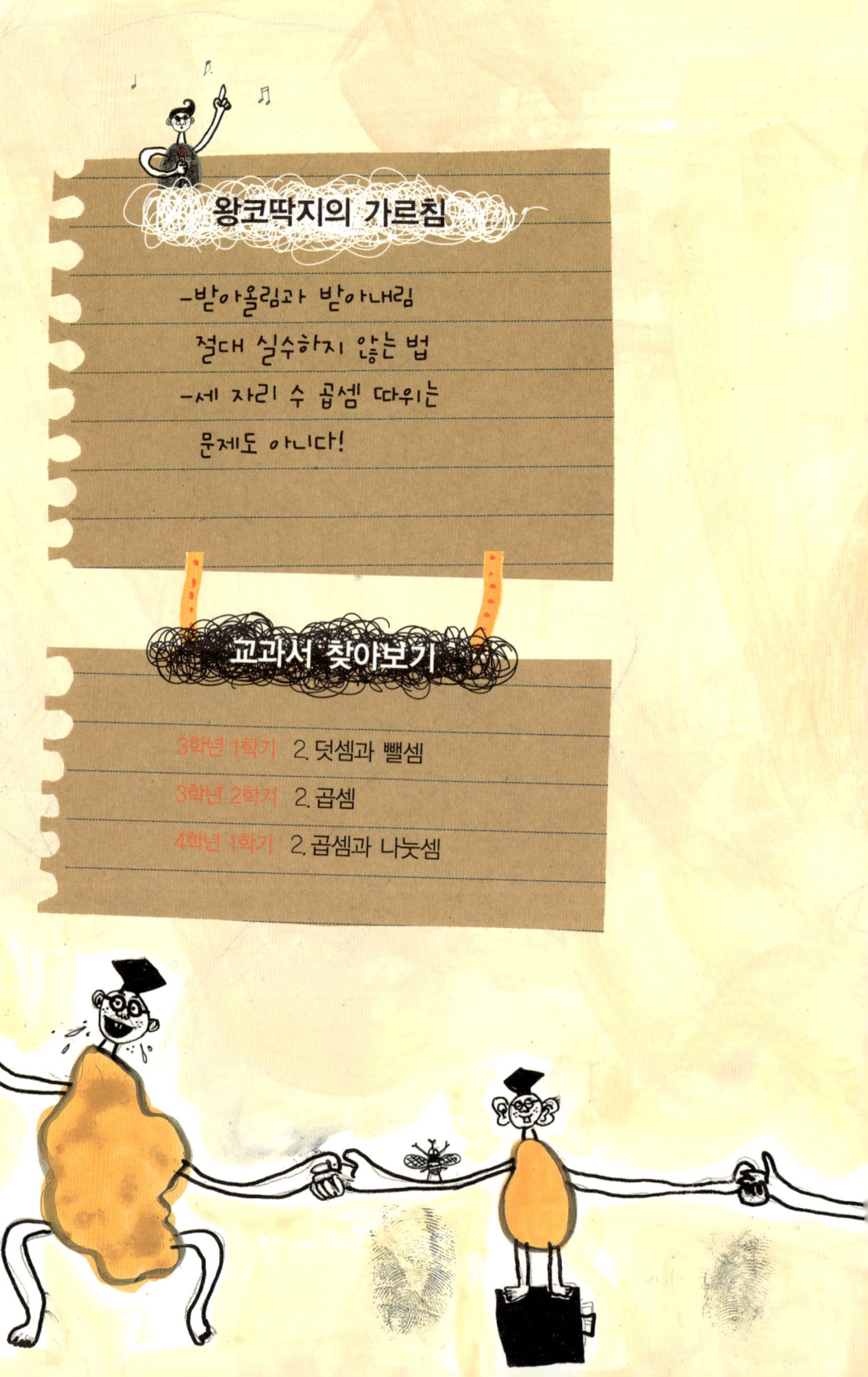

왕코딱지의 가르침

- 받아올림과 받아내림 절대 실수하지 않는 법
- 세 자리 수 곱셈 따위는 문제도 아니다!

교과서 찾아보기

3학년 1학기 2. 덧셈과 뺄셈
3학년 2학기 2. 곱셈
4학년 1학기 2. 곱셈과 나눗셈

세 자리 수 연산
실수하지 않는 법

★ 9단계
수학 지능
92점

"이번에는 내가 덧셈과 뺄셈을 가르쳐 줄게."
퍼석퍼석한 귀지가 말했다.
"덧셈 뺄셈 정도는 잘할 수 있어."
"한 문제도 안 틀리고 잘할 수 있어?"
귀지가 다시 물었다.
"아니, 그건 아니지만. 종종 실수하기도 해. 왜 그런지 모르겠어."
난 머리를 긁었다. 하얀 비듬이 떨어졌다.
"와, 비듬눈이다!"
귀지와 눈곱과 가래침이 춤을 추며 좋아했다. 난 어이가 없었지만 잠자코 있었다.
"실수를 가장 많이 하는 덧셈과 뺄셈이 뭐야?"
"세 자리 수 덧셈과 뺄셈이지."
귀지가 고개를 끄덕였다.
"난 네가 왜 실수를 하는지 알아. 이유는 딱 한 가지야. 받아올림과 받아내림이 있을 때 자꾸 잊어버리기 때문이지."
"아, 맞아."
이번에는 내가 고개를 끄덕였다.

"받아올림과 받아내림을 절대로 잊어버리지 않는 방법을 알려 줄게. 따라해 봐. 받아올림을 한 수는 무조건 표시한다!"

"받아올림을 한 수는 무조건 표시한다!"

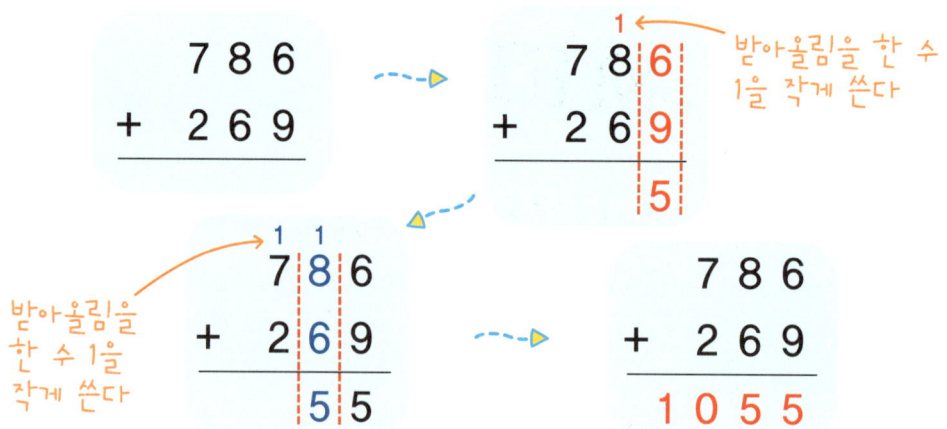

"6+9=15. 우선 5를 적고, 받아올림을 한 수 1을 8 위에 조그맣게 적어. 그 다음에 8+6=14. 받아올림을 한 수 1을 14와 더하면 15. 받아올림을 한 수 1을 7 위에 조그맣게 적어. 마지막으로, 7+2=9. 9+1=10. 답은 1055."

"받아올림을 한 수는 무조건 표시한다!"

나는 잊어버리지 않으려고 또 한 번 반복했다.

"세 자리 수 뺄셈을 할 때에도 실수를 자주 할 거야. 받아내림을 잊어버리는 거지. 그때에도 똑같은 방법을 써. 914-587을 해 봐."

"4에서 7을 뺄 수 없어. 그러니까 1에서 1을 빌려. 이때 받아내림을 잊지 않도록 1 위에 V표시를 해. 14-7=7."

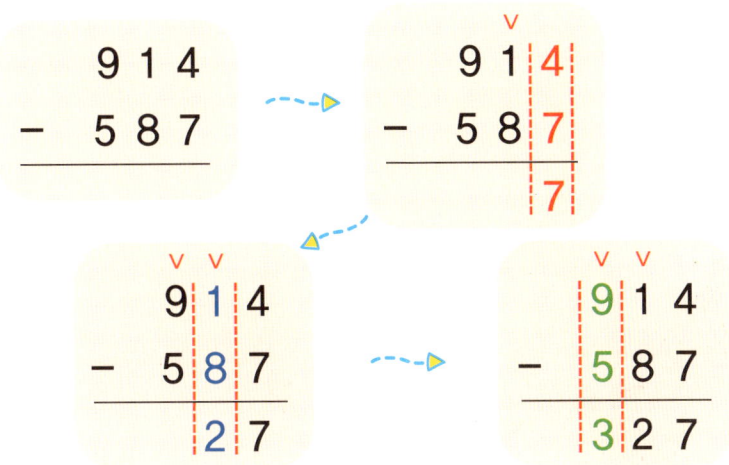

나는 귀지가 말한 대로 적었다.

"1 위에 V표시가 있으니까 1은 0으로 생각해. 0에서 8을 뺄 수 없어. 9에서 1을 빌려. 10-8=2. 받아내림을 잊지 않도록 9 위에 V표시해."

나는 또 표시를 했다.

"마지막으로, 9 위에 V표시가 있으니까 8로 생각해. 8-5=3. 따라서 답은?"

"327."

내가 소리쳤다.

귀지가 다른 친구들에게 말했다.

"앞으로 실수하지 않도록 우리가 만든 노래를 불러 주자. '수학이 우웩!' 이란 노래 말이야."

눈곱과 귀지와 가래침과 코딱지는 책상 위에서 온몸을 흔들면서

♪ 표시한다, 표시한다, 받아올림 표시한다. 잊지 말자, 잊지 말자, 받아내림 잊지 말자. 받아올림, 받아내림 표시하면 실수 없어! 두 자리 수, 세 자리 수, 열 자리 수, 백 자리 수, 걱정 없다, 문제없다, 표시하면 나는 백점!

노래를 부르기 시작했다.

나도 덩달아 엉덩이를 흔들며 춤을 췄다.

"눈곱아, 이번에는 네가 곱셈을 가르칠 차례야."

"세 자리 수 곱셈 절대 실수하지 않는 법을 가르쳐 줄게."

눈곱이 말했다.

"세 자리 수 곱셈씩이나? 그건 아직 안 배웠는데."

"별거 아니야. 두 자리 수 곱셈이 어려운 사람은 세 자리 수 곱셈도 어려워. 반대로, 두 자리 수 곱셈이 쉬우면 세 자리 수, 네 자리 수, 열 자리 수, 백 자리 수 곱셈도 쉬워. 자릿수만 늘어났을 뿐이지, 방법은 똑같거든."

"아, 그렇구나."

나는 고개를 끄덕였다.

"세 자리 수 곱셈 절대 실수하지 않는 법은 단 한 가지, 자릿수만 정확하게 맞추면 돼. 자릿수에 맞게 줄을 정확하게 맞춰. 그리고 덧셈을 할 때처럼 받아올림만 정확하게 해. 그러면 틀릴 염려가 없어."

"그쯤이야 할 수 있지."

"틀리지 않을 자신 있어? 한번 해 볼까? 906×5를 해 봐."

"답은 480! 어? 이상하네. 왜 906보다 줄어들었지?"

킥킥, 하고 귀지가 웃었다. 웃을 때마다 하얀 가루가 풀썩거렸다.

"0은 어디에서 잃어버린 거야?"

"잃어버리다니?"

난 눈을 동그랗게 떴다.

"세 자리 수 곱셈에서 가장 어려운 문제는 중간에 0이 있을 때야. 이런 문제를 풀 때 특히 받아올림을 했다는 걸 잊어버리거든. 5×6=30. 3을 받아올림 해. 그 다음 곱해야 할 수가 0이잖아. 3+0=0. 그러니까 그대로 받아올림을 한 3을 적는 거야. 9×5=45. 답은 4530."

철썩!

난 이마를 쳤다. 방금 전에 절대 실수하지 않는 연산송을 불렀는데, 금세 받아올림을 잊어버리다니!

머리가 좋아지는 수학 문제

어떤 애라고는 말 안 하겠는데, 한 달 동안 머리를 안 감은 애가 있어. 성은 오씨야.

그 애가 1번 머리를 털면 1020개의 비듬이 떨어져. 그런데 150번이나 머리를 털었어. 하얀 비듬눈이 책상 위에 수북했지. 비듬이 모두 몇 개나 떨어졌을까?

★코딱지의 힌트★
어떤 수에 10, 100, 1000을 곱할 때, 어떤 수에 곱한 수의 0의 개수만큼 0을 붙여.

식:

답:(　　　　　)개

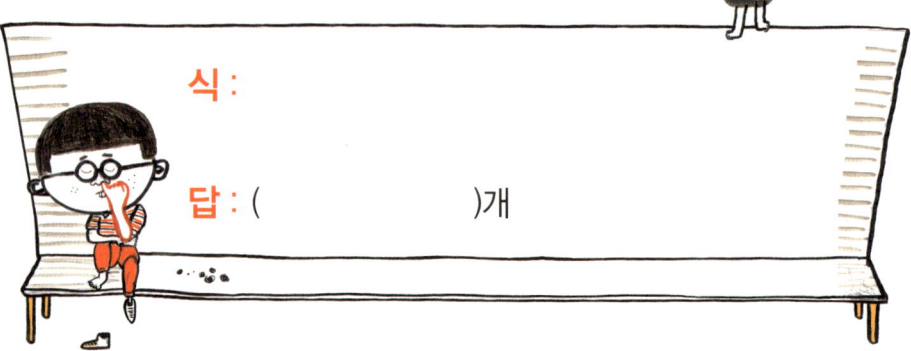

정답 | 식: 1020×150=102×15×100=1530×100=153000　답: 153000

"잘했어! 우리의 고생이 헛되지 않았구나."

이것으로 더러운 선생님들의 수학 공부가 끝났다.

깊은 밤이었지만, 이상하게 졸리지 않았다. 하품조차 한 번 하지 않았다.

머릿속은 깊은 숲속의 옹달샘처럼 맑고 깨끗했다. 내 기분은 마치 어려운 수수께끼를 한방에 풀어 낸 듯 속이 후련했다.

드르렁 푸, 드르렁 쿨.

아빠의 코고는 소리가 조용히 들려왔다. 내일은 어떤 놀라운 일이 기다리고 있을까?

"내가 태어나서 지금까지 공부했던 것을 다 합해도 오늘 밤에 공부한 것보다 적을 거야."

천장을 바라보며 내가 말했다.

아무도 대답하지 않았다. 나를 가르치느라 피곤했던 더러운 선생님들도 깊은 잠에 빠져 있었다.

세상이 온통 수학으로 보이는 밤이었다.

코딱지 파는 수학 천재

★10단계
수학 지능 100점

일요일 아침이 되었다. 엄마 아빠가 나를 대하는 태도가 다른 날과 달랐다.

엄마가 말하는 건 어색했고, 아빠는 자꾸 헛기침을 했다.

내가 잠시라도 자리를 비우면, 엄마 아빠는 그 사이를 못 참고 또 수군거렸다. 이따금 날 힐끔거리기도 했다.

난 진작 눈치 챘다. 아마도 나의 정신 상태를 테스트하려고 작전을 짜는 중일 거다. 강 박사라는 분과 전화를 하기도 했다.

"휴, 내가 잘할 수 있을까? 하필이면, 수학을 너무 잘해서 이 고생이네."

나는 내 방 책상에 엎드려 더러운 선생님들에게 말했다.

"염려 마. 넌 모르겠지만, 네 수학 실력은 지금 대단한 수준이야. 우리가 응원할게. 눈곱은 네 눈에 붙어서, 귀지는 네 귓속에 들어가서, 가래침은 네 목구멍 속에서, 그리고 나는 네 콧구멍 속에 매달려서 열심히 응원할게."

딩동딩동.

드디어 인터폰이 울렸다. 현관에서 엄마 아빠의 떠들썩한 인사 소리가 들렸다.

"대오야, 잠깐 나올래. 아빠 친구에게 인사드려야지."

엄마가 나를 불렀다. 나는 쭈뼛쭈뼛 거실로 나갔다.

강 박사님은 눈썹 안경을 쓰고, 턱에는 염소처럼 수염을 기른 분이었다.

"안녕하세요, 오대오입니다. 별명은 비겼다고요. 크억, 컥."

"대오야, 왜 그래? 목 아프니?"

엄마가 물었다.

"아니, 가래가 끓어서. 크윽, 컥."

"대오야, 오늘 세수 안 했어? 눈곱에, 귀지에, 콧구멍에는 코딱지가 큰 게 매달려 있어. 엄마가 떼어 줄까?"

"아니요!"

난 깜짝 놀라 뒤로 물러났다.

"내 몸에 손도 대지 마세요! 절대로 떼면 안 돼요. 난 더러운 게 좋아요."

내 모습을 지켜보던 아빠의 입에서 헛기침인지 한숨인지 모를 소리가 토해졌다.

"괜찮습니다. 어떤 아이는 그러기도 해요. 너무 강제로 하면 오히려 더 상태가 나빠질 수 있으니까 강요하지 마세요."

강 박사님은 수염을 쓰다듬으며 차분한 목소리로 말했다. 마치 날 환자로 대하는 듯한 태도였다.

"대오야, 아저씨가 간단한 질문 몇 가지만 해 볼게. 생각나는 대로 대답해 주면 좋겠구나."

강 박사님은 왼쪽 손가락 3개와 오른쪽 손가락 2개를 펴면서 물었다.

"이게 모두 몇 개일까?"

"히히히!"

"어렵니? 다른 문제로 낼까?"

"이히히히!"

"웃지 말고 대답해 봐. 그러면 왼쪽 손가락 1개와 오른쪽 손가락 2개를 합하면 모두 몇 개일까?"

"우히히히!"

난 웃음을 참지 못했다. 바닥을 뒹굴며 강 박사님을 향해 손가락질을 했다.

"대오야!"

아빠가 벌떡 일어나며 소리쳤다. 난 깜짝 놀랐다.

"이 아저씨 엄지손가락 좀 봐요! 왕사마귀가 있어요, 킥킥킥. 손가락에 어떻게 저런 사마귀가 생기냐."

강 박사님은 쑥스러운지 얼른 엄지손가락을 감췄다.

"큭큭, 맞아! 그래서 강 박사 별명이 왕사마귀잖아. 크하하하!"
아빠도 웃음을 참을 수 없었던지 배를 잡았다.
"지금 이럴 때가 아니잖아요!"
엄마가 외쳤다. 나와 아빠는 찔끔 놀라 웃음을 멈췄다.
강 박사님의 얼굴은 이미 빨갛게 달아올라 있었다. 애써 침착한 척하려고 숨을 들이마셨다.
"간단한 문제부터 시작해 볼게요. 대오야, 이 종이에 쓰인 수를 한번 읽어 보렴."

"사천오백이십팔. 그 정도는 쉽죠. 제가 한번 문제를 내 볼게요."
나는 연필을 들고 종이에 아주 긴 수를 적었다.

9485727489392938

"장난치면 안 돼."
엄마가 주의를 줬다.
"장난이 아니에요. 난 이 정도 수는 눈 깜짝할 사이에 읽을 수 있다고요. 박사님도 한번 읽어 보세요."
"그러니까… 일, 십, 백, 천, 만… 수가 좀 길구나."

강 박사님은 진땀을 흘리며 열심히 수를 셌다. 엄마 아빠도 덩달아 수를 셌지만, 쉽게 말하지 못했다.

"에이, 9485조 7274억 8939만 2938이잖아요. 이것도 몰라!"

난 입술을 삐죽거리며 빈정거렸다.

강 박사님은 손수건을 꺼내어 이마의 땀을 닦았다.

"허허허, 첫 번째 테스트는 잘 통과했구나. 다음은 두 번째 테스트야. 78+13은? 여기 종이에 써서 풀도록 하렴."

강 박사님은 종이와 연필을 내밀었다.

"종이 필요 없어요. 암산으로 다 돼요. 답은 91."

난 눈 깜박할 사이에 대답했다.

엄마 아빠가 내 얼굴과 강 박사님의 얼굴을 번갈아 쳐다봤다. 아빠가 옆에서 계산기를 두드렸다.

"맞았어! 도대체 어떻게 이렇게 빨리 계산할 수 있는 거야?"

아빠가 묻자 엄마가 끼어들었다.

"어떻게 하다 보니 맞힌 거겠죠. 다른 문제를 내 보세요."

"75-29=?"

"46!"

내가 번개같이 대답했다.

엄마와 아빠가 동시에 비명을 질렀다.

"대오야, 어떻게 알아맞힌 거야?"

"받아올림 덧셈, 받아내림 뺄셈 정도야 쉽죠. 두 수를 더할 때에는 10으로 맞아떨어지도록 수를 가르면 돼요. 78+12+1하면 되지요. 두 수를 뺄 때에는 쉽게 뺄 수 있는 수로 만들어서 빼면 돼요. 75-25-4. 종이에 쓸 필요도 없어요."

"아, 그렇구나!"

아빠가 손뼉을 치자 엄마가 물었다.

"대체 넌 어디서 그런 걸 다 배운 거니?"

난 말없이 코를 한 번 후비고, 눈곱을 한 번 만졌으며, 귀지를 한 번 쑤셨다. 그러고는 "캬악, 컥, 캬악, 큭." 하는 걸 잊지 않았다.

강 박사님은 깊은 생각에 잠겨 있다가 말문을 열었다.

"이번이 마지막 문제야. 지금까지 이 문제를 여러 번 냈지만, 어떤 영재도 풀지 못했어. 이 문제는 아리스토텔레스라는 유명한 학자가 낸 문제였는데, 2000여 년 동안 아무도 풀지 못했지. 아마 너도 풀 수 없을 거다."

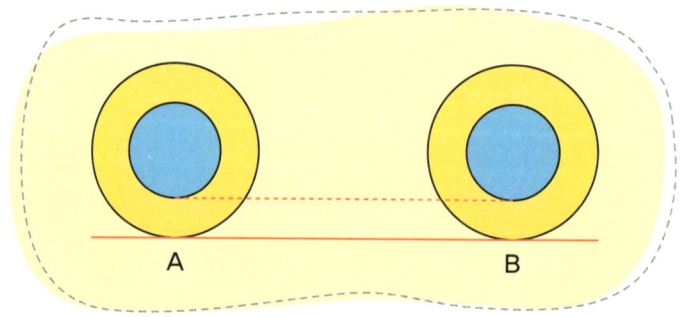

강 박사님은 종이 위에 그림을 그리기 시작했다.

"이건 수레바퀴란다. 큰 바퀴 안에 또 작은 바퀴가 있지. 이 수레

바퀴를 한 바퀴 굴리면 A에서 B까지 움직인단다. 그러면 큰 수레바퀴의 둘레의 길이는 A에서 B까지의 거리가 되지."

"그렇군."

엄마와 아빠가 고개를 끄덕였다.

"그러면 큰 수레바퀴를 굴릴 때, 큰 수레바퀴 안에 있는 작은 바퀴도 함께 한 번 돌게 되지. 그러니까 작은 바퀴의 움직인 거리도 A에서 B까지의 거리가 돼. 그러면 작은 바퀴의 둘레의 길이도 A에서 B까지의 거리가 돼."

"그렇군."

엄마와 아빠는 또 한 번 고개를 끄덕였다.

"뭔가 이상하지 않아? A에서 B까지의 거리는 큰 수레바퀴의 둘레의 길이였어. 그런데 A에서 B까지의 거리는 작은 바퀴의 둘레의 길이잖아. 그렇다면 큰 수레바퀴의 둘레의 길이와 작은 바퀴의 둘레의 길이가 똑같다는 뜻 아닌가?"

"어떻게 이럴 수가 있죠? 뭔가 이상한걸요?"

엄마와 아빠가 눈을 휘둥그레 뜨며 고개를 내밀었다.

"음, 강 박사님의 말이 맞는다면, 세상의 모든 원은 크나 작으나 둘레의 길이가 모두 똑같다는 말이 되잖아요. 이건 정말 말도 안 되는 얘기예요!"

후비적 후비적 나는 코를 파고, 눈곱을 문지르고, 귀를 파고, 커억, 하면서 가래침을 올렸다.

"모를 거야, 모르는 게 당연하지. 나도 처음에는 이 문제를 못 풀었으니까."

강 박사님은 허허, 웃으면서 종이를 접으려고 했다.

그때였다. 문득 한 줄기 빛이 내 머릿속을 스치고 지나갔다. 그것은 마치 하늘에서 떨어지는 별똥별 같기도 했다.

"잠깐만요. 종이 좀 보여 주세요."

난 연필을 쥐고 그림을 그리기 시작했다.

"바퀴가 반드시 원 모양일 필요는 없잖아요. 사각형이라고 생각해 보면 어때요?"

강 박사님의 눈동자에서 반짝 빛이 났다.

난 종이에 사각형 바퀴를 그려서 굴려 봤다.

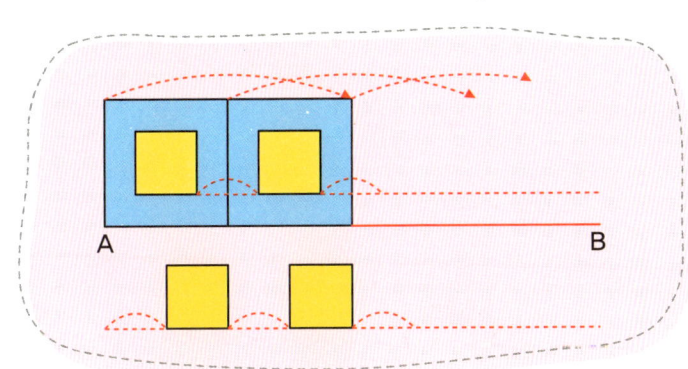

결과는 내 예상이 딱 들어맞았다!

"이것 보세요. 큰 정사각형 속에 작은 정사각형을 넣고 그려 봤어요. 큰 정사각형을 4번 굴리니까 한 바퀴를 돌았어요. 이때 A

에서 B까지의 거리는 큰 정사각형의 둘레의 길이와 같아요."
"그렇지."
엄마 아빠가 동시에 고개를 끄덕였다.
"그런데 작은 정사각형의 그림을 잘 보세요. 큰 정사각형이 구를 때, 작은 정사각형은 중간 중간을 건너뛰면서 굴러요. 그러니까 작은 정사각형은 듬성듬성 뛰어 넘어가면서 구르는 거예요."
"그렇구나! 바로 그거였어."
엄마 아빠가 손뼉을 쳤다.
"바퀴는 당연히 원 모양이어야 한다고 생각해서 이 문제를 본 사람들은 지금까지 착각에 빠졌던 거예요. 원에서는 잘 보이지 않지만, 사각형으로 하면 잘 보이는 걸 몰랐던 거죠."
내가 기쁨에 젖은 목소리로 말했다.
짝짝짝!
강 박사님이 환하게 웃으면서 손뼉을 쳤다.
"놀랍군, 정말 놀라워! 대오의 정신 능력은 보통 사람을 훨씬 뛰어넘고 있어. 이런 어린이를 우리는 천재라고 부르지."
"야호!"
아빠와 엄마가 자리에서 벌떡 일어나며 나를 끌어안았다.
"천재 탄생! 우리 대오가 천재였어. 엄마 아빠는 벌써부터 알아봤다. 아인슈타인보다 뛰어나고, 에디슨보다 훌륭한 두뇌야."
"더러운 수학 천재 만세!"

내 몸속에 있는 코딱지와 눈곱과 귀지와 가래침도 동시에 외쳤다. 물론 내 귀에만 들리는 소리였지만.

"저, 엄마 아빠, 부탁이 있어요."

"그래, 뭐든지 말해라."

"앞으로 절대로, 무슨 일이 있어도, 안 씻을 거예요!"

"왜?"

엄마와 아빠와 강 박사님이 동시에 물었다.

"저는 더러우면 더러울수록 머리가 좋아져요. 코딱지가 많으면 덧셈이 잘 되고요, 귀지가 많아지면 뺄셈이 잘 돼요. 눈곱이 많으면 곱셈이 잘 되고, 가래가 많이 생기면 나눗셈이 잘 돼요. 제 꿈은 세상에서 가장 더러운 수학 천재가 되는 거예요!"

엄마와 아빠, 강 박사님이 비명을 질렀다.

○ 마지막 뒷장은 절대 보지 말 것!

왕코딱지의 특별 보너스

마지막 뒷장을 보지 말라고 했는데, 왜 봤니?
넌 정말 못 말려! 수학을 잘하고 싶어서 못 말린다고!
수학 시험을 볼 때 누구나 경험했을 거야. 아는 문제를 실수해서 틀린 적을.
모르는 문제를 틀렸을 때보다 엄마한테 더 혼나. 네 기분도 더 나쁠 거야.
수학 문제는 말이지, 빨리 푸는 것도 중요하지만 정확하고 꼼꼼하게
푸는 게 더 중요해. 하지만 이제는 걱정 끝! 내가 수학 시험에서 실수하지
않는 아주 특별한 비법을 알려 줄게. 쉿, 너만 알고 있어. 비밀이니까!

① 문제를 끝까지 두 번 읽어. 아는 문제라도,
반드시 끝까지 두 번 읽는 거야! 그런 다음에 풀어.

② 덧셈, 뺄셈, 곱셈, 나눗셈 등 계산 부호는 동그라미로 표시해.
꼭 해! 그러면 잘못 봐서 실수하는 일이 없을 거야.
가끔 덧셈을 뺄셈으로 착각하는 아이들이 있다나 뭐라나.

③ 시험지의 여백에 문제를 풀지 마. 반드시 연습장이나 넓은 종이에
문제를 풀어. 비좁은 종이에 문제를 풀다 보면, 자기도 모르게
수를 잘못 적거나 헷갈릴 수 있어. 다 풀어 놓고는 틀린 답을
쓴단 말이지. 바다처럼 넓은 종이 놔두고 왜 좁은 시험지에 푸냐고!

④ 연습장에 문제를 풀 때 숫자를 최대한 또박또박 적어.
숫자를 잘못 써서 실수하는 아이들이 많아.
그리고 말이지, 숫자를 또박또박 쓰면 생각나지 않았던
풀이 방법도 선명하게 떠오르기도 해. 정말이야!

⑤ 수학 시험에는 마지막에 꼭 문장제 문제가 나와. 대부분 틀리지.
무슨 뜻인지 알 수가 없어서 풀지 못하는 거야.
문장제 문제가 나오면 끊어서 읽어. 한 문장을 끊어서 읽고,
또 한 문장을 끊어서 읽는 거야. 그리고 이해가 될 때까지
여러 번 반복해서 읽어. 답만 쓰지 말고, 식도 꼭 써.

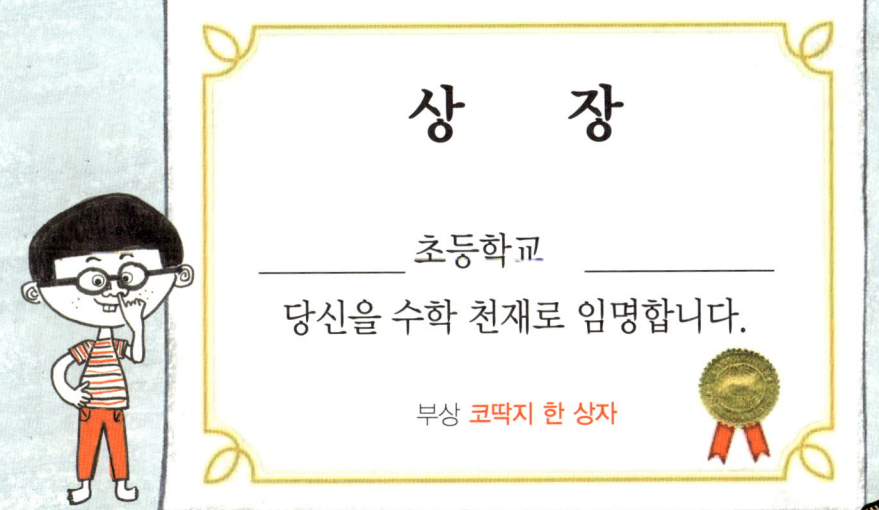

상 장

_____ 초등학교 _____
당신을 수학 천재로 임명합니다.

부상 **코딱지 한 상자**